医药专利法学

徐红菊◎著

知识产权出版社

全国百佳图书出版单位

—北京—

图书在版编目（CIP）数据

医药专利法学／徐红菊著. —北京：知识产权出版社，2025.1. —ISBN 978 - 7 - 5130 - 9726 - 0

Ⅰ. D923.424

中国国家版本馆 CIP 数据核字第 2024C1C107 号

内容提要

本书聚焦医药领域的知识产权法律规范体系，特别是以医药专利为核心形成的医药专利法学体系，包括医药专利法的一般规范、与药品行政审批程序相关的专利法律规范、与医药专利相关的法律规范、国际医药专利法律规范等内容，详细分析了药品专利的特殊法律问题，例如医药专利的伦理考量、强制许可、行政审批例外、专利期限补偿、专利链接、药品试验数据保护等，以法条释义与案例相结合的方式进行了深入探究，可为我国医药院校相关专业课程教学提供一定的参考与借鉴。

责任编辑：王玉茂　　　　　　　　责任校对：谷　洋

封面设计：杨杨工作室·张　冀　　责任印制：刘译文

医药专利法学

徐红菊　著

出版发行：知识产权出版社有限责任公司	网　　址：http://www.ipph.cn
社　　址：北京市海淀区气象路50号院	邮　　编：100081
责编电话：010 - 82000860 转 8541	责编邮箱：wangyumao@cnipr.com
发行电话：010 - 82000860 转 8101/8102	发行传真：010 - 82000893/82005070/82000270
印　　刷：三河市国英印务有限公司	经　　销：新华书店、各大网上书店及相关专业书店
开　　本：880mm×1230 mm　1/32	印　　张：9
版　　次：2025 年 1 月第 1 版	印　　次：2025 年 1 月第 1 次印刷
字　　数：210 千字	定　　价：80.00 元

ISBN 978 - 7 - 5130 - 9726 - 0

作者简介

　　徐红菊：上海大学知识产权学院教授、上海市知识产权培训基地（上海大学）主任。知识产权法学博士后，英国诺丁汉大学法学院访问学者。兼任中南财经政法大学知识产权研究中心兼职研究员，厦门大学"陈安国际法学讲座教授"，大连理工大学知识产权学院讲座教授；中国科技法学会理事，上海市法学会知识产权法研究会成员。

　　主要从事知识产权法领域的教学、科研工作。代表性科研成果包括：出版《国际知识产权法学：条文释义、理论与案例》《欧盟版权法之未来》《国际技术转让法学》《专利许可法律问题研究》等著作；发表《论马德里体系依附性改革分歧与方案选择（上）（下）》《在国际知识产权变革中融入中国理念》等学术论文；主持科学技术部重点专项子课题、司法部重点课题、上海市哲学社会科学基金项目、中国博士后科学基金面上项目、中国法学会部级课题等国家级、省部级科研项目。

　　王玉茂：医药知识产权图书策划编辑，毕业于北京协和医学院，药物化学硕士。2012 年至今，任职于知识产权出版社；国家知识产权局第六批骨干人才。曾从事新药开发、仿制药工艺优化和专利翻译工作；参与出版译著《技术秘密与知识产权的转让与许可：解读当代世界的跨国企业》《走进知识产权》和专著 *Intellectual Property—Global Perspective Advances and Challenges*；参与策划"知识产权经典译丛"第 3 辑至第 6 辑，该译丛连续 4 次入选国家出版基金资助项目；策划医药知识产权类图书十多部，发表文章和书评数篇。

安康：无壁科技（南京）有限公司创始人兼 CEO。南京大学哲学学院伦理学专业硕士研究生，曾就读于南京大学—约翰·霍普金斯大学中美文化研究中心。在核心期刊发表《"我思"及其有关的一切——自身知识、自身思考与自身意识》等论文。

前　言

《医药专利法学》的写作主要源于以下两个重要事件。第一个，2020 年第十三届全国人大常委会通过对《中华人民共和国专利法》（以下简称《专利法》）进行第四次修正的决定，医药专利规则是此次修正的重要内容；第二个，2022 年 6 月，为应对全球新冠疫情，世界贸易组织（WTO）在第 12 届部长级会议上通过《关于〈与贸易有关的知识产权协定〉的部长级决定》（Ministerial Decision on the TRIPS Agreement，以下简称《关于 TRIPS 的部长级决定》），允许就疫苗生产及销售问题对《与贸易有关的知识产权协定》（TRIPS）相关专利规则进行豁免。这两项重要事件的发生，一方面意味着医药专利规则在法学领域的分量加重；另一方面意味着医药专利规则的发展已进入新的阶段。两者叠加的结果是，医药专利规则零散分布的现状已不适合对医药专利法学具体问题的理解。只有从系统化的角度构建医药专利法学，才能正确理解并适用医药专利的相关法律规范。2023 年，上海大学医学院决定开设"医药知识产权法"这一课程，上海大学知识产权学院负责这一课程的设计和讲授，医药知识产权法的教学任务表明了对医药知识产权规则进行系统梳理的现实需求，也是本书写作的直接驱动力。

一、关于书名

关于书名，有两个问题需要澄清。第一个问题是，为何选用《医药专利法学》而非《医药知识产权法学》？书名的确定经历了两次反复，笔者写作的最初目标是构建医药知识产权法学体系，一是与所开设的"医药知识产权法"课程相对应，二是认为可以更为全面地梳理与医药有关的知识产权法律规则。但在写作过程中经过反复思考，笔者还是决定使用《医药专利法学》，原因如下：其一，出于对该法学体系清晰理解的考虑。医药知识基础具有专业性，而目前有关医药的知识产权法律规则又分散在不同的部门法之中，不要说对于医药领域的初学者，就是对法学专业同学而言，也存在理解方面的难度。在这种情况下，一条清晰的主线就至关重要。其二，出于对现有医药知识产权规则比重的考虑。在现有医药知识产权法律规范中，医药专利相关的法律规则占到绝对优势比重。除专利之外，有关药品试验数据的商业秘密保护和独占权保护的内容不可或缺，这也是笔者采纳《医药专利法学》这一名称的原因。但药品试验数据保护与专利关系较为密切，追溯其立法背景，也可以说是对药品专利保护的补充。因此，为了体系的清晰，本书将该部分列为"与医药专利相关的法律规范"。此外，在商标领域，医药知识产权规则还涉及一项关于药品商标与通用名称的特殊规范。但这部分内容较少且与专利无关联，没有被纳入本书范畴。第二个问题是，为何选用《医药专利法学》而非《药品专利法学》？药品明确指向的是一种产品或者商品，是医药专利法规范的重要对象。医药的范畴要大于药品，除药品之外，它还包含了医疗的诊断方法等内容。有关诊断方法与治疗方法的可专利性问题等，同样是专利法的重要内容。为此，本书的书名确定为《医药专利法学》。

二、关于医药专利法学的体系架构

医药专利法学是以"医药专利"为核心的法律规范体系，其基本内容主要由现有专利法和药品管理法体系中有关"医药专利"的法律规则构成。衔接专利法和药品管理法的机制是药品上市的行政审批程序，专利法框架下有关于药品行政审批的专利侵权例外规则，药品管理法框架下也有关于药品专利保护的特殊规范，这部分内容构成医药专利法学的主干。

基于此，本书主要分为以下五个部分进行介绍。

第一部分：导论。该部分内容包括药品的界定与基本类型、药品与知识产权的范畴与联系、医药专利法的伦理考量和专利法基础知识，帮助全面了解医药专利法学的基本背景知识。

第二部分：医药专利法的一般性规范。该部分主要介绍医药专利共同适用的一般性规范，包括医药专利的申请与授权、医药专利的限制性规则等内容，方便学生掌握关于医药专利权获取与实施的基本法律规则。

第三部分：与药品行政审批程序相关的专利法律规范。该部分内容包括专利法体系内的药品专利侵权的行政审批例外、药品专利期限补偿等法律规则，也包括药品管理法体系下的药品专利纠纷早期解决机制。以药品行政审批为联结点，将两个法律框架下的同类问题并入同一法学体系加以阐述。

第四部分：与医药专利相关的法律规范。该部分主要对药品试验数据的法律保护加以介绍，包括对药品试验数据的商业秘密保护和独占权保护，并详细分析了商业秘密保护、独占权保护与药品专利保护的联系与区别。

第五部分：国际医药专利法律规范。该部分介绍了国际医药专利相关规则的法律渊源和最新发展，涵盖了自由贸易协定（free trade agreement，FTA）中医药专利保护条款和 TRIPS 灵活性适用等全球性议题。

本书关于我国医药专利法学的基本架构如图 1 所示。

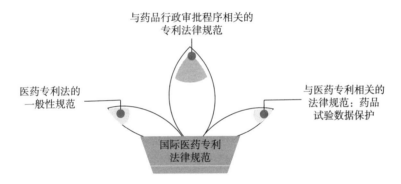

与药品行政审批程序相关的
专利法律规范

医药专利法的
一般性规范

与医药专利相关的
法律规范：药品
试验数据保护

国际医药专利
法律规范

图 1　我国医药专利法学的体系架构示意

我国医药专利法与国际医药专利法律规范具有特定联系，笔者所持观点是，我国医药专利相关法律规范的制定受国际知识产权条约的影响较大，一些具体规则的演进也呈现出"国际转向国内"的法律发展路径。因此，对于具体医药专利规则的理解与适用，本书均力求结合其所受的国际法影响及相关案例进行阐述。

医药专利法学是融合专利法、药品管理法、医药学和哲学伦理学等多学科领域的交叉学科，本书的写作也集聚了不同学科专业人才的智力成果。其中第一章第一节"药品的界定与基本类型"、第九章"国外药品专利链接制度"由王玉茂撰写；第二章"医药专利法的伦理考量"由安康撰写。其他章节均由徐红菊撰写。

近年来，医药专利法律规则得到社会越来越多的关注。全球新冠疫情期间，国际社会加强了对医药专利法律规则的探讨，以保障药品的全球可及性。全球范围内的药品研发不断创新，生物技术的兴起也为医药专利法带来新的问题。无论是新药的创新与研发，还是公共卫生事件的应急响应，医药专利法都发挥了不可替代的作用。本书旨在系统化介绍这一重要领域的理论与实践，为医学、法学相关专业的学生和研究人员介绍关于医药专利法律规则适用的基础知识，并理解近年来国际组织在公共健康领域进行的系列改革措施和积极努力。

本书尚有诸多不完善之处，请读者予以批评指正。

徐红菊
2024 年 8 月

目　录

第一部分　导　论

第一章

医药专利法的基本问题

医药专利法学是与医药专利有关的法律规范体系。医药专利因其与公共健康及药品上市行政审批程序的特殊联系，受到法律的特别关注，并逐步形成独立的法律规范体系。医药专利法学的主要调整对象是医药专利获取与实施过程中发生的社会关系，其核心规范对象除药品之外，还包括医疗诊断方法的可专利性等问题。关于药品的界定及其基本类型的认识，是学习医药专利法学的起点。

第一节　药品的界定与基本类型

一、药品研究的发展

药品是一种特殊的商品，其特殊之处在于，它与人类的健康息息相关，我国最早使用的药物从草药开始，例如东汉时期的《神农本草经》记载了 365 种药物，是我国最早的中药学著作。时至今日，其中的药物仍被有效地应用在疾病的预防和治疗中。

同样，早在公元前 1550 年，古埃及的埃伯斯莎草纸记载了 700 余种药物和处方，其中记载柳树叶可以用于止痛和退烧，这为近代第一个真正化学合成的药品——阿司匹林的出现奠定了基础。从柳树叶到阿司匹林，其间经历了 17 ~ 19 世纪化学学科的发展和工业革命，实现了活性成分的发现、提取、化学合成等一系列的科学实践。由此可见，药品研究是伴随人类技术的发展不断进步的，它是一门既古老又崭新的学科。

现代药学的发展始于 19 世纪初，即从植物中发现活性物质和以化学合成的方法发现简单的活性物质作为药物。例如吗啡、可卡因的提取，为现代药物发现提供了坚实的基础。1899 年，阿司匹林的上市，标志着人类开启了用化学方法对天然产物进行结构改造而发现更为理想药物的时代。❶

20 世纪初到 20 世纪 50 年代，人类进入以化学合成药物为主的药物发展时期。伴随着化学工业的发展，以百浪多息的发现为标志，即在染料合成的过程中发现抗菌药物，进入以化学合成发现药物为主的新时代。植物不再是发现药物的主要途径。

技术的发展和人类对疾病认识的深入，特别是不同学科的发展，例如药理学和计算机技术的出现，为药品研究提供了不同的路径，20 世纪中后期至 21 世纪，药物研究从偶然发现转向靶点设计，例如伊马替尼（商品名为格列卫）。21 世纪进入生命科学时代，随着基因技术、生物化学和免疫技术的发展，药物研究从化学领域转入生物学领域，出现高效、低毒的生物药，例如抗体

---

❶ 江程. 改变世界的药物［M］. 北京：化学工业出版社，2023.

药物 PD－1。相信未来，随着人工智能（AI）技术和基因编辑技术的发展，药物研究将迎来新的拐点和发展路径。

除了药物的有效性研究，药物的安全性也是药物发展的重要研究方向和监管方向。曾在 1957 年出现的沙利度胺（thalidomide）"反应停"事件震惊了世界，此事件造成 1 万多名"海豹儿"的诞生。美国由于建立了严格的药品审批制度，禁止沙利度胺上市，有幸避免了此类事件的发生。此次事件后，药品上市审批的要求更加严格，除了进行有效性的临床试验，还要求进行致畸、致毒、致突变试验。同时，各个国家也制定和颁布药典，为药品质量标准化和规范化指明方向。药物研究从早期简单的草药到现在的靶点药和生物药，无不体现技术发展为人类健康带来的深远影响。

二、药品的界定

药品作为维护人类健康的重要物质，涵盖了研发、生产、质量控制到合理使用和监管等多个环节。药品的概念和内涵也在不断演进中，从最早的草药到现在的传统药和现代药。在研究医药专利法律问题之前，首先需要确定药品的准确定义。

（一）关于一般药品的界定

《新华字典》（第 7 版）对药物和药品分别进行了定义，其中，药物是指能防治疾病、病虫害等的物品。药品是指药物和化学试剂的统称。药品在我国法律规范中的定义首次出现于 1984 年的《中华人民共和国药品管理法》（以下简称《药品管理法》），该法第 57 条规定："药品指用于预防、治疗、诊断人的疾病，有目的地调节人的生理机能并规定有适应症❶、用法和用量的物质，包括中药材、中药饮片、中成药、化学原料药及其制剂、抗生素、生化药品、放射性药品、血清疫苗、血液制品和诊断药品等。"《药品管理法》在 2019 年进行了修订，其第 2 条第 2 款给出了药品的定义，并进行了相应的调整："本法所称药品，是指用于预防、治疗、诊断人的疾病，有目的地调节人的生理机能并规定有适应症或者功能主治、用法和用量的物质，包括中药、化学药和生物制品等。"从该定义可知，药品的内涵包括三个方面：用于预防、治疗、诊断人的疾病，有目的地调节人的生理机能，以及规定有适应证或者功能主治、用法和用量。该定义与 1984 年公布的《药品管理法》相比有明显的变化，增加了功能主治，更能体现中药的用药特色。并且将列举式的药品分类调整为上位概念——中药、化学药、生物制品，这不仅有利于药品的分类管理，而且能够适应不同类型药品开发的新技术发展。

欧盟关于药品的界定主要体现在《欧洲议会和理事会关于共同体人用药品规范的第 2001/83/EC 号指令》（Directive 2001/83/EC of the European Parliament and of the Council of 6 November 2001 on the Community code relating to medicinal products for human use，Official Journal of the European Communities 2001，以下简称"第 2001/83/EC 号指令"），该指令中规定药品的定义为："1. 专有药品，即指以特殊名称和特殊包装投放市场的任何预制药品。2. 药品，即用于治疗或预防人类疾病的任何物质或物质的组合。为进行医学诊断或恢复、纠正或改变人体生理功能，可给人服用

---

❶ 此处"适应症"应为"适应证"，原法条如此，不作修改，下同。——编辑注

的任何物质或物质的组合也同样被视为药品。"❶ 美国关于药品的界定主要体现在美国法典（Code of Laws of the United States of America）第 21 编的美国联邦食品、药品和化妆品法案（Federal Food, Drug, and Cosmetic Act, FDCA），该法案第 201（g）条规定药品的定义为："（A）美国药典、顺势疗法药典和国家处方或其增补中认定的物品，（B）用于诊断、治愈、减轻、治疗或预防人类或其他动物疾病的物品，（C）用于影响人或其他动物身体的结构或任何功能的物品（食物除外），（D）用于上述（A）项、（B）项或（C）项的物品组成部分的物品……"❷ 与我国和欧盟关于药品的定义相比，美国联邦食品、药品和化妆品法案的药品定义将人类药品与动物药品合并在一起规定，而中国和欧盟将人类用药和动物用药分别加以规定。至于美国界定的第一类药品，则是药典（pharmacopoeia）中认定的药品。药典是一个国家记载药品标准、规格的法典，如《中华人民共和国药典（2020

---

❶ 第 2001/83/EC 号指令的规定是："1. Proprietary medicinal product: Any ready – prepared medicinal product placed on the market under a special name and in a special pack.

2. Medicinal product: Any substance or combination of substances presented for treating or preventing disease in human beings. Any substance or combination of substances which may be administered to human beings with a view to making a medical diagnosis or to restoring, correcting or modifying physiological functions in human beings is likewise considered a medicinal product."

❷ Section 201（g）of FDCA [21 USC 321（g）]: "（A）articles recognized in the official United States Pharmacopoeia, official Homoeopathic Pharmacopoeia of the United States, or official National Formulary, or any supplement to any of them; and（B）articles intended for use in the diagnosis, cure, mitigation, treatment, or prevention of disease in man or other animals; and（C）articles（other than food）intended to affect the structure or any function of the body of man or other animals; and（D）articles intended for use as a component of any articles specified in clause（A），（B），or（C）... "

年版)》（以下简称《中国药典》）收载品种5911种，其中中药收载2711种，化学药收载2712种，生物制品收载153种。● 虽然中国和欧盟的药品定义中没有明确指出，但是在《中国药典》和欧洲药典中均有明确的说明，因此没有明确的差异。从表述来看，美国药品定义中使用"物品"（article）一词表述药品，侧重药品的物品或商品属性，而欧洲的药品定义中则以"物质"（substance）表述药品。可以看出，由于药品的复杂性，通常是能够上市销售，供人们使用的产品，而物质则是更强调药品中发挥作用的成分。我国的药品定义更接近欧洲的药品定义，即以物质的内涵来定义药品，且进一步限制为功能主治、用法和用量的物质，明确药品的分类为中药、化学药和生物制品等。

（二）关于"新药"的界定

新药一般是指具有创新或新颖性的药物，但可以从多个视角加以界定，例如地域新、技术新或市场新的角度。从新颖性这一视角来看，新药是获取专利权的前提条件，也是医药专利法重点规范的对象。新药的研发对于维护人类健康具有重要价值，但需要巨额资金与时间的投入。界定新药，并对新药给予特殊的法律保护，是医药专利法律规则追求的重要价值目标。

1. 我国关于"新药"的界定与发展

我国关于新药的界定，经历了从无到有，从有到优的多次调整和变化。1978年国务院发布的《药政管理条例（试行）》第15条规定，新药系指我国创制和仿制的药品。1979年，卫生部

● 国家药典委员会. 中华人民共和国药典（2020年版）[M]. 北京：中国医药科技出版社，2020.

制定的《新药管理办法（试行）》将新药细分为四类，第一类为我国创制的药品及其制剂；第二类为国外已有生产，但未列入一国之药典或副药典的药品及其制剂；第三类为国外已有生产，并列入一国之药典或副药典的药品及其制剂；第四类是不属于上述三类新药的中西药品和中草药制剂的新品种（包括剂型改变的品种）。这是我国早期规定的新药定义，该定义并未明确与仿制药相区分，旨在解决我国当时的药品不足问题。

1984 年公布的《药品管理法》也对新药进行了定义，但对新药的具体界定进行了修改，该法第 57 条规定，新药是指"我国未生产的药品"。与之相应，1985 年，卫生部制定的《新药审批办法》第 2 条也规定："新药药材系指我国未生产过的药品。已生产的药品，凡增加新的适应症、改变给药途径和改变剂型的亦属新药范围。"1999 年的《新药审批办法》对新药定义进行了调整，规定新药"系指我国未生产过的药品。已生产的药品改变剂型、改变给药途径、增加新的适应症或制成新的复方制剂，亦按新药管理"。调整后的定义增加了新的复方制剂，而且将"亦属新药范围"调整为"亦按新药管理"。可以看出，"改变剂型、改变给药途径、增加新的适应症或制成新的复方制剂"类的药品将不再视为法定意义上的新药。

2002 年，我国《药品管理法》进行第一次修正，随后对《中华人民共和国药品管理法实施条例》（以下简称《药品管理法实施条例》）也进行了修订。该条例第 83 条规定，新药是指"未曾在中国境内上市销售的药品"。该条例将对新药的界定从生产环节调整到上市环节，反映了界定新药的本质和监管的定位。自此，在《药品管理法实施条例》多次修订中，新药的定义未再作出调整。新药的进一步细分规定则调整到《药品注册管理办法》中进行规定。2007 年，国家食品药品监督管理局公布《药品注册管理办法》，该法第 12 条规定，新药申请是指未曾在中国境内上市销售的药品的注册申请。对已上市药品改变剂型、改变给药途径、增加新适应证的药品注册按照新药申请的程序申报，生物制品按照新药申请的程序申报。

2015 年，国务院发布《国务院关于改革药品医疗器械审评审批制度的意见》，将药品分为新药和仿制药。将新药定义由现行的"未曾在中国境内上市销售的药品"调整为"未在中国境内外上市销售的药品"。根据物质基础的原创性和新颖性，将新药分为创新药和改良型新药。据此，2020 年修订的《药品注册管理办法》第 4 条对药品按照中药、化学药和生物制品等进行分类注册管理。中药注册按照中药创新药、中药改良型新药、古代经典名方中药复方制剂、同名同方药等进行分类。化学药注册按照化学药创新药、化学药改良型新药、仿制药等进行分类。生物制品注册按照生物制品创新药、生物制品改良型新药、已上市生物制品（含生物类似药）等进行分类。

由此可见，我国关于新药的界定经历了从"我国未生产过的药品"调整为"未曾在我国境内上市销售的药品"，再调整为"未在中国境内外上市销售的药品"，实现了从"中国有"到"中国新"再到"全球新"的转变。这种转变一方面这说明了新药的定义与我国公众用药的需求紧密相关，另一方面也说明了新药的定义与我国医药领域的技术发展紧密相关，反映了从仿制药为主过渡到仿创结合，再到真正的以创新为主的国家需求。

2. 美国与欧盟关于"新药"的界定

美国和欧盟在现代医药产业发展上具有先发优势，占据着全球医药产业的垄断地位，其医药产业也经历了新药、仿制药监管混乱到清晰分类界定的不同发展阶段。美国在 1984 年出台药品价格竞争与专利期补偿法（Drug price competition and patent term restoration act），也称 Hatch-Waxman 法案，第一次提出药品注册的分类，即创新药申请（NDA）、改良新药申请和简化新药申请（ANDA）。关于新药的界定规定在美国法典第 21 编（美国联邦食品、药品和化妆品法案）第 310.3 条，"新药是指用于药品的生产、加工、包装，使该药品成为新药的物质，但不包括用于合成该药品的中间体。药物的新颖性可能由以下原因引起：（1）全部或部分构成该药品的物质，无论是活性成分还是辅料、赋形剂、载体、包衣或其他组分，其药品用途是新的；（2）该药品是两种或者两种以上物质的组合，其中任何一种都不是新药，但是组合的药品是新的；（3）该药品中物质在组合物中所占比例是新的，即使该组合物中含有该物质的其他比例不是新的；（4）该药品用于诊断、治愈、减轻、治疗、预防某种疾病或者影响身体结构、功能是新的，即使该药品用于治疗其他疾病或者影响身体结构、功能时不是新的；（5）该药品说明书中规定、推荐、建议的剂量、方法、给药时间或者其他使用条件是新的，但在其他剂量、方法、给药时间或者其他使用条件下不是新的。"美国对创新药申请进行分类代码管理，即比较提交的药品申请中活性成分与已上市或审批的药品申请中活性成分的关系，创新药申请的分类代码分为 10 类，具体如下：第 1 类为新分子实体，第 2 类为新活性成分，第 3 类为新剂型，第 4 类为新组合，第 5

类为新配方、新适应证、变更申请人或生产厂家，第 6 类为新适应证或声明（同一申请人）；第 7 类为之前上市但没有批准的，第 8 类为处方药转非处方药，第 9 类为新适应证或声明，批准后不会按第 9 类上市，第 10 类为新适应证声明，批准后按第 10 类上市。

欧盟对新药的定义是指未在欧盟市场上出现过的药品，包括新化学药品、生物制品或者放射性药物活性物质。以新化学药品为例，具体为：化学结构、药品组分和药理作用不同于现有药品的药物，其中新药是指含有新的结构明确、具有药理作用的化合物，且具有临床价值的药品。新活性物质包括新的化学性、生物性或放射性药用活性物质，以及已批准上市药品的同分异构体、混合物、复合物、衍生物或盐类化合物，这些物质在安全性和有效性上与"母体"化学物质有明显差异。根据不同的分类标准，欧盟的新药可以分为：新化学实体，全新的化学结构，之前未在欧洲上市过的化学活性物质、放射性药物、生物制品和植物制品；改良型新药，是指在已知活性成分的基础上，对其结构、剂型、处方工艺、给药途径、适应证等进行优化，且具有明显临床优势的药品；以及生物制品，包括疫苗、血液制品、基因治疗产品等。

三、药品的基本类型

现代药品研究已有 100 余年历史，随着新技术的发展，药品研究已经成为一种高科技领域的研究。由于药品的复杂性，药物学的研究也拓展了不同的学科方向，例如药物化学、药理学、药剂学、药物分析等领域。按照不同的学科内容，药品可以分为不同的种类，例如按照药物化学分类，其主要根据活性成分的化学结构进行分类，包括生物碱类、磺胺类、芳基乙酸类等；按照药理学分类，其主要根据活性成分的作用进行分类，包括胆碱受体阻断药、肾上腺素受体药物、镇静催眠药、抗癫痫药等。从药品监管角度，根据用药安全性，我国也将药品分为处方药和非处方药，一方面方便公众用药，另一方面对处方药实施更严格的管理，确保公众用药安全。

在具体介绍药品的基本类型之前，有必要介绍一下药品的基本研究内容。药品研究的内容主要包括活性物质的发现、适应证的研究、作用靶点的研究、活性物质的制备工艺研究、产品配方的研究、制剂工艺的研究等方面。因此，根据药品研究的不同内容和不同阶段，药品有不同的分类。

根据活性物质的来源分类，药品可以分为天然植物药（中药）、化学药、生物制品。中药通常包括中药材、中药饮片、中成药。根据中药的药效、功能、性味、归经、用法等可以进一步进行不同的分类，例如按功能分类，可分为解表药、清热药、泻下药、祛风湿药等。化学药是目前最多的药物，根据化学结构、适应证、制剂等特点，可以进行不同的分类。生物制品通常包括疫苗、蛋白、毒素、干扰素、抗体、诊断试剂等。下面主要围绕化学药进行分类介绍。

化学药的具体分类。根据适应证分类，药品可以分为抗微生物药、抗寄生虫病药、麻醉药、神经系统用药、心血管系统用药、呼吸系统用药、消化系统用药、泌尿系统用药、血液系统用药、激素及影响内分泌药、抗变态反应药、免疫系统用药、抗肿瘤药等；根据靶点分类，药品可分为酶类靶点药、转运蛋白类药、离子通道类药、G 蛋白偶联受体类药等。这也是目前药物研发的主要路径，特别是围绕肿瘤靶点开发药物。根据制剂分类，药品可分为片剂、胶囊、颗粒剂、粉剂、丸剂、注射剂、软膏剂、贴剂等。随着新技术的发展，越来越多的制剂被开发出来，其一方面降低了药品的毒副作用，另一方面则提高了药物的效力，例如固体分散剂、缓释片剂、控释颗粒、脂质体等。

从药品法定分类来看，我国药品分类有《中国药典》和药品注册两种分类管理。根据《中国药典》的规定，其共有 4 部，分别规定了中药、化学药、生物制品和通用技术等内容。《中国药典》收录的药品中文名称均为法定名称，并且所有药品均为已上市的药品，包括了药品质量标准和相关检测标准。随着我国医药产业的发展和新技术的出现，为了鼓励新药创新，我国关于药品的分类，特别是新药注册分类经历了多次修订和变化，这也与药品专利保护的迫切需求密切相关。2020 年，我国修订通过《药品注册管理办法》，根据《药品注册管理办法》第 4 条的规定，药品注册按照中药、化学药和生物制品等进行分类注册管理。中药注册按照中药创新药、中药改良型新药、古代经典名方中药复方制剂、同名同方药等进行分类。化学药注册按照化学药创新药、化学药改良型新药、仿制药等进行分类。

【药品注册分类详表】

为配合《药品注册管理办法》实施，国家药品监督管理局组织针对化学药、中药和生物制品分别制定了《化学药品注册分类及申报资料要求》《中药注册分类及申报资料要求》《生物制品注册分类及申报资料要求》。其中，化学药注册分类如表 1 所示，中药注册分类如表 2 所示。

表1　化学药注册分类

分类	范畴	定义
1 类	境内外均未上市的创新药	指含有新的结构明确的、具有药理作用的化合物，且具有临床价值的药品
2 类	境内外均未上市的改良型新药	指在已知活性成分的基础上，对其结构、剂型、处方工艺、给药途径、适应证等进行优化，且具有明显临床优势的药品
	2.1 类	含有用拆分或者合成等方法制得的已知活性成分的光学异构体，或者对已知活性成分成酯，或者对已知活性成分成盐（包括含有氢键或配位键的盐），或者改变已知盐类活性成分的酸根、碱基或金属元素，或者形成其他非共价键衍生物（如络合物、螯合物或包合物），且具有明显临床优势的药品
	2.2 类	含有已知活性成分的新剂型（包括新的给药系统）、新处方工艺、新给药途径，且具有明显临床优势的药品
	2.3 类	含有已知活性成分的新复方制剂，且具有明显临床优势
	2.4 类	含有已知活性成分的新适应证的药品
3 类	境内申请人仿制境外上市但境内未上市原研药品的药品	该类药品应与参比制剂的质量和疗效一致
4 类	境内申请人仿制已在境内上市原研药品的药品	该类药品应与参比制剂的质量和疗效一致
5 类	境外上市的药品申请在境内上市	

表 2 中药注册分类

分类	范畴	定义
1 类	中药创新药	指处方未在国家药品标准、药品注册标准及国家中医药主管部门发布的《古代经典名方目录》中收载，具有临床价值，且未在境外上市的中药新处方制剂
	1.1 类	中药复方制剂，系指由多味饮片、提取物等在中医药理论指导下组方而成的制剂
	1.2 类	从单一植物、动物、矿物等物质中提取得到的提取物及其制剂
	1.3 类	新药材及其制剂，即未被国家药品标准、药品注册标准以及省、自治区、直辖市药材标准收载的药材及其制剂，以及具有上述标准药材的原动、植物新的药用部位及其制剂
2 类	中药改良型新药	指改变已上市中药的给药途径、剂型，且具有临床应用优势和特点，或增加功能主治等的制剂
	2.1 类	改变已上市中药给药途径的制剂，即不同给药途径或不同吸收部位之间相互改变的制剂
	2.2 类	改变已上市中药剂型的制剂，即在给药途径不变的情况下改变剂型的制剂
	2.3 类	中药增加功能主治
	2.4 类	已上市中药生产工艺或辅料等改变引起药用物质基础或药物吸收、利用明显改变的
3 类	古代经典名方中药复方制剂	古代经典名方是指符合《中华人民共和国中医药法》规定的，至今仍广泛应用、疗效确切、具有明显特色与优势的古代中医典籍所记载的方剂。古代经典名方中药复方制剂是指来源于古代经典名方的中药复方制剂
	3.1 类	按古代经典名方目录管理的中药复方制剂
	3.2 类	其他来源于古代经典名方的中药复方制剂。包括未按古代经典名方目录管理的古代经典名方中药复方制剂和基于古代经典名方加减化裁的中药复方制剂
4 类	同名同方药	指通用名称、处方、剂型、功能主治、用法及日用饮片量与已上市中药相同，且在安全性、有效性、质量可控性方面不低于该已上市中药的制剂

根据《生物制品注册分类及申报资料要求》的规定，生物制品细分为预防用生物制品、治疗用生物制品和体外诊断试剂，其中预防用生物制品和治疗用生物制品的注册分类均细分为3类，具体如表3和表4所示。

表3 预防用生物制品注册分类

分类	范畴	定义
1类	创新型疫苗	境内外均未上市的疫苗
	1.1类	无有效预防手段疾病的疫苗
	1.2类	在已上市疫苗基础上开发的新抗原形式，如新基因重组疫苗、新核酸疫苗、已上市多糖疫苗基础上制备的新的结合疫苗等
	1.3类	含新佐剂或新佐剂系统的疫苗
	1.4类	含新抗原或新抗原形式的多联/多价疫苗
2类	改良型疫苗	对境内或境外已上市疫苗产品进行改良，使新产品的安全性、有效性、质量可控性有改进，且具有明显优势的疫苗
	2.1类	在境内或境外已上市产品基础上改变抗原谱或型别，且具有明显临床优势的疫苗
	2.2类	具有重大技术改进的疫苗，包括对疫苗菌毒种/细胞基质/生产工艺/剂型等的改进
	2.3类	已有同类产品上市的疫苗组成的新的多联/多价疫苗
	2.4类	改变给药途径，且具有明显临床优势的疫苗
	2.5类	改变免疫剂量或免疫程序，且新免疫剂量或免疫程序具有明显临床优势的疫苗
	2.6类	改变适用人群的疫苗

分类	范畴	定义
3类	境内或境外已上市的疫苗	
	3.1类	境外生产的境外已上市、境内未上市的疫苗申报上市
	3.2类	境外已上市、境内未上市的疫苗申报在境内生产上市
	3.3类	境内已上市疫苗

表4　治疗用生物制品注册分类

分类	范畴	定义
1类	创新型生物制品	境内外均未上市的治疗用生物制品
2类	改良型生物制品	对境内或境外已上市制品进行改良，使新产品的安全性、有效性、质量可控性有改进，且具有明显优势的治疗用生物制品
	2.1类	在已上市制品基础上，对其剂型、给药途径等进行优化，且具有明显临床优势的生物制品
	2.2类	增加境内外均未获批的新适应证和/或改变用药人群
	2.3类	已有同类制品上市的生物制品组成新的复方制品
	2.4类	在已上市制品基础上，具有重大技术改进的生物制品，如重组技术替代生物组织提取技术；较已上市制品改变氨基酸位点或表达系统、宿主细胞后具有明显临床优势等
3类	境内或境外已上市生物制品	
	3.1类	境外生产的境外已上市、境内未上市的生物制品申报上市
	3.2类	境外已上市、境内未上市的生物制品申报在境内生产上市
	3.3类	生物类似药
	3.4类	其他生物制品

第二节　药品与知识产权：范畴与联系

与医药相关的专利法是知识产权领域较为特殊和复杂的主题，同时无论在知识产权领域还是在医药领域都是极为重要的主题。从医药专利法学的自身发展与法律属性看，其涉及不同部门法的综合保护，并开始形成相对独立的法律保护体系。医药专利权是知识产权的重要类型，在理解有关医药专利法学的专业知识之前，笔者对必要的知识产权基础知识作一定介绍。

一、知识产权的含义与范畴

知识产权是权利人对智慧创造成果依法享有的专有性权利。在我国，"知识产权"的正式法律表达最早出现在 1986 年的《中华人民共和国民法通则》（以下简称《民法通则》）[1]。1986 年，我国改革开放实现有计划的商品经济，急需全面系统的法律体系对社会经济秩序加以规范。《民法通则》中规定了明确的"民事权利"范畴，其中就包含了"知识产权"。自此以后，"知识产权"成为法学范畴内规范智力成果权的专用法律术语。

但我们需要知道，知识产权是一个抽象的概念，并不存在一种独立的"知识产权"。"知识产权"是由已有的不同子类别组成，传统的知识产权类型包括专利权、著作权和商标权。随着人类科技文明的发展，知识产权不断纳入新的类型，如商业秘密、

---

[1]　参见我国于 1986 年 4 月 12 日发布的《民法通则》第 5 章第 3 节，其自 2021 年 1 月 1 日《中华人民共和国民法典》施行起废止。

集成电路布图设计、植物新品种等。因此，我们在医药专利法学领域学习并运用相关概念时，也应当立足于具体的知识产权类别进行分析，如医药专利、医药商业秘密等。2020 年，我国通过《中华人民共和国民法典》（以下简称《民法典》），其第 123 条规定了权利人可以享有知识产权的具体客体类型，具体包括：①作品；②发明、实用新型、外观设计；③商标；④地理标志；⑤商业秘密；⑥集成电路布图设计；⑦植物新品种；⑧法律规定的其他客体。其中第⑧项"法律规定的其他客体"表明，知识产权的范畴在未来还有可能扩充，增加新的知识产权类别。如医药知识产权领域出现的"药品试验数据"目前虽然并未纳入《民法典》规定的知识产权客体范畴，但对于该客体的法律保护方式类似于知识产权，常与专利权并列规定。未来是否能够纳入《民法典》并独立成为新类型的知识产权保护客体，还需要实践中的进一步适用与检验。

药品试验数据是否划入知识产权的范畴，以及划入哪一种类型的知识产权，无论在国际还是国内层面并不完全统一。换言之，不同的国际条约对于知识产权范畴的界定会有所差异，不同国家立法对于知识产权的分类也会有所区别。例如依据我国《专利法》，专利权包括发明、实用新型和外观设计三种类型，提及任何一种类型均可以称之为"专利权"。但在有些国家，则或者仅将发明规定为专利权，或者将外观设计作为独立的知识产权类别加以保护。因此，在不同的法律环境中，知识产权可能涵盖不同的范畴，即使是同一个"专利权"的概念，也可能指代不同的知识产权类别范畴。

广义而言，医药领域几乎涉及所有的知识产权类型，包括医药领域的专利权、著作权、商标权、商业秘密等。但就医药产业的特殊性而言，在知识产权法学领域的特别规范主要涉及的是专利权，其次是关于药品试验数据的独占权。药品试验数据的独占权较为特殊，它作为药品专利的补充保护，保护模式确立较晚，尚未被广泛认可为一种特定的知识产权类型。但在国际条约中，一般将其纳入知识产权部分与专利权共同加以规定。基于此，笔者也将其纳入广义的医药专利法学范畴。商业秘密也是较为重要的知识产权保护方式，但在医药领域的特殊性主要体现在对药品试验数据的保护方面，由于内容较少，因此可以一并将其纳入药品试验数据法律保护范畴。

二、专利权的特点

不同的知识产权类别能够被纳入统一的"知识产权"范畴之内，必然具有一定的共性，这些共性构成专利权的特点。专利权的特点决定了专利权的具体实施和适用，是学习医药专利法学的起点与基础。

（一）专有性

专利权是权利主体依据法律享有的民事财产权，其专有性是指这种财产权由权利人独占实施，任何人未经权利人同意，均不得实施或利用其专有权。基于此种专有性，这种权利也可以被称为"专有权""独占权"或"排他权"。专利权的专有性主要体现在《专利法》第11条的具体规定之中。

《专利法》第11条

发明和实用新型专利权被授予后，除本法另有规定的以外，任何单位或者个人未经专利权人许可，都不得实施其专利，即不得为生产经营目的制造、使用、许诺销售、销售、进口其专利产品，或者使用其专利方法以及使用、许诺销售、销售、进口依照该专利方法直接获得的产品。

外观设计专利权被授予后，任何单位或者个人未经专利权人许可，都不得实施其专利，即不得为生产经营目的制造、许诺销售、销售、进口其外观设计专利产品。

《专利法》第11条中关于任何人不得实施专利权的规定，体现了专利权人对于发明专利的专有权。但权利人依法享有的专有权并不绝对，由于知识产权保护的智慧成果具有无形性特征，因此通常会基于公共利益对权利人的专有权加以限制。例如基于公共健康危机可以对医药专利实施强制许可，就是对专利权之专有性的合法限制。

（二）期限性

期限性也是对专利权专有性的一种限制，其目的是实现技术公共传播与权利私有之间的平衡。期限性是指专利权仅在法定的有效期间内受到排他保护。超出法定保护期间之外的专利权，其专有性不再受到法律保护，与专利相关的技术发明成果将归于社会所有，任何组织或个人均可以自由实施该项技术成果。不同类型知识产权的期限具有差异性，这与不同类型知识产权的排他性程度相关。专利权具有最强的排他性，权利人可以享有的法定期间也相对较短。我国关于专利权保护期限的规定主要体现在《专利法》第42条第1款。

《专利法》第42条第1款

发明专利权的期限为二十年，实用新型专利权的期限为十年，外观设计专利权的期限为十五年，均自申请日起计算。

（三）地域性

地域性是指对专利权的专有保护在不同国家之间彼此独立。不同国家有权按照本国专利法决定此种专有权的授权、保护范围、保护期间、侵权判定及效力终止等事项，各国应当尊重其他国家的专利立法。地域性源于国际法的国家主权原则，它要求各国尊重彼此在专利领域的立法、执法及司法等相关主权。1883年缔结的《保护工业产权巴黎公约》（以下简称《巴黎公约》）最早对专利权的独立保护作出了规定。《巴黎公约》规定独立保护的基础就是认可巴黎联盟成员国之间法律的不同，应当尊重巴黎联盟各成员国的本国立法。按照"专利独立保护原则"，任何国家不能仅依据另一个国家拒绝或无效一项专利的理由，而在该国拒绝或使该专利无效。为了保障各国在专利保护方面的统一性，国际条约在规定专利独立保护的同时，规定了各国进行专利保护的最低标准。所谓最低保护标准，即各国在专利保护方面要满足国际条约规定的最低要求，以减少各国在专利保护方面的差异。但最低保护标准并不限制各国采取更高水平的保护措施，因此，各国专利保护的法律差异依然存在。

【地域性在药品专利领域的典型案例分析】

地域性原则的适用在实践中也会遇到挑战，例如关于对过境商品的专利侵权认定问题。这一挑战主要出现在药品专利领域，典型案例是"荷兰扣押印度仿制药品案"。

2008年12月，荷兰没收了一批非专利权人生产的高血压药物氯沙坦。这批药品来自印度，过境荷兰，准备运往巴西。荷兰当局将其在鹿特丹扣留了 36 天，称其侵犯了荷兰氯沙坦钾片（Cozaar）原研药的有效专利权。在整个 2009 年，很多通过欧洲转运的合法非专利药品被海关当局以侵犯知识产权为由扣留。海关扣留了大约 20 艘船只，其中 16 艘来自印度。在多次查获后，原研药公司还要求海关当局销毁可疑药品。氯沙坦在印度和巴西都没有专利，这些药物在印度属于合法制造，将出口到非洲、大洋洲和拉丁美洲国家，在这些国家，这些药物也可以合法进口和销售。巴西和印度认为，荷兰授予专利权人的权利不能扩大到干涉在印度合法生产和出口的非专利药品的自由过境。❶ 2010 年 5 月，印度就该案在世界贸易组织向欧盟和荷兰提出磋商请求。

由此可见，该案涉及了地域性的适用问题。按照地域性，在不同国家申请的专利应独立于在其他国家就同一发明获得的专利。荷兰海关能否依据其本国专利法扣押未进入其本国境内的过境药品，就是地域性面临的挑战。印度认为，按照 TRIPS 规定，这种扣押为合法贸易设置了障碍，是允许专利所有人滥用权利，存在不公平和不公正，对于药品的合法贸易造成了不必要的负担和不必要的延误。❷

---

❶ UNCTAD's Intellectual Property Unit. European union and a member state：seizure of generic drugs in transit：request for consultations by India（DS408/1）and Brazil（DS409/1），19 May 2010 WTO，dispute settlement body［EB/OL］.［2023 – 11 – 03］. https：//unctad. org/ippcaselaw/sites/default/files/ippcaselaw/2020 – 12/WTO%20DS408%20DS409%20India%2C%20Brazil%20v%20EU%20on%20seizure%20of%20goods%20in%20transit. pdf.

❷ WTO. European union and a member state：seizure of generic drugs In transit［R］. Request for Consultations by India，WT/DS408/1，19 May 2010.

三、药品与专利权的特定联系与表现

（一）药品与专利权的特定联系

药品与专利权在法学领域的联系可以从两个方面来看，一方面是药品与专利权的一般性联系，另一方面是药品与专利权的特定性联系。

所谓一般性联系，是指药品与专利权之间建立的与一般专利产品类似的联系，此类联系包括对药品专利权的专有保护及药品研发的创新激励等。具有创造性的发明都可以获得专利权保护，药品也在其中。激励创新是保护专利权的本质属性，并不局限于药品，而是适用于所有专利产品。专利法通过赋予药品专利权人专有权可以激励药品的创新与研发，这是专利权与药品的一般性联系。药品专利权的获取、保护与实施都需要遵循一般性法律规则，但药品专利法学能够构建独立的规范体系，并不仅仅依赖于药品与专利权的一般性，更是基于药品专利的特殊属性。因此，我们在学习中更需要了解药品与专利权的特定性联系。

所谓特定性联系是指基于药品自身的特殊属性与专利权建立的特定联系。这种特定性联系是药品专利法学得以构建的基础，其外在表现是法律对药品专利的特定性规范。近年来，我国有关药品专利的特定性规范不断完善，不仅在专利法中加强了对药品相关规则的规范（如2020年修正的《专利法》补充了对药品专利的规范），而且在药品管理相关的法律中也加强了药品与专利权的衔接（如2021年发布的《药品专利纠纷早期解决机制实施办法（试行）》）等特殊规范。

（二）特定联系的渊源：药品与专利法律机制的潜在冲突

药品与专利权的特定联系根源于药品的特殊属性，这种特殊属性与专利法律机制形成一定的潜在冲突，要求专利法律体系对于药品相关规则给予特殊考量。药品与专利法律机制的潜在冲突主要表现为以下三个方面。

第一，药品公共健康属性与专利权私权之间的潜在冲突。作为知识产权的重要类型，专利权也是典型的私权，权利人享有排他的专有权利。尽管知识产权法律体系中包含了协调私权与公共利益之间平衡的制度设计，但药品所涉及的公共健康与公共利益仍然是最为敏感和特殊的领域之一。这一点已经成为专利法学领域的共识问题，菲尔霍和伊多教授在新冠疫情期间也再次指出，在知识产权与药品领域，创新、公共利益和限制垄断的概念深深交织在一起，已经成为对知识产权法领域争论最为平常的一部分。❶ 药品公共健康属性与专利权私权之间存在的这种潜在冲突，就使专利法特别增加对药品专利权获取及实施方面的特殊限制规则，例如对"疾病的诊断和治疗方法"不授予专利权等规定。

第二，药品上市行政审批程序与专利权独占保护期间的潜在冲突。与一般产品不同，药品在制造完成后，并不能直接上市销售，而是必须经过国家药品监督管理部门的上市行政审批程序。因此，此处的"上市"是"在市场上进行销售"的简称，不要将其与企业在股市的上市相混淆。目前，世界上大多数国家都设有药品上市行政审批程序和相关的管理机构，以确保药品的安全

---

❶ CORREA C M, HILTY R M. Access to medicines and vaccines: implementing flexibilities under intellectual property law [M]. Springer Nature Switzerland AG, 2022: 206.

性和有效性。这些制度的设置和运作虽各不相同，但基本目标是相同的，即保护公共健康，以确保市场上销售的药品安全可靠。由此可知，药品的上市行政审批程序是强制性的，制药企业从准备申报到获得审批，必须付出特定的时间、财力、物力才能完成。由于药品一般在获取专利授权后启动上市审批程序，其与药品专利权独占保护期间存在的潜在冲突就表现为，药品上市行政审批所占用的期间与药品专利权独占期间可能发生重叠。药品上市行政审批通过之前，药品不能上市销售，这种重叠就必然会压缩药品专利权的法定独占期间，削弱药品专利权人利用独占期间所能获取的垄断利益。因此，法律需要为药品上市行政审批程序与专利权实施规定特殊的衔接与协调机制，典型的机制如药品专利期限延长及专利链接等。

第三，药品全球共同利益考量与专利权地域性的潜在冲突。药品不仅能够治疗和预防疾病，而且有助于控制全球疫情的蔓延，是实现全球公共健康的重要工具，其与全球共同利益紧密相关。确保全球范围内药品的可获取性、可负担性和安全有效性，是维护全球公共健康的重要考量。正如世界卫生组织（WHO）在2018年《解决全球药品和疫苗的短缺和可及问题》报告中多次强调：让所有人都能够获取安全、有效和高质量的药物和疫苗是可持续发展的具体目标之一，实现全球健康需要获得安全、有效、优质和负担得起的基本药物和疫苗，药品可及性是一个全球性问题。❶ 但有效且优质的药品往往是包含专利权的药品，要受

---

❶ WHO Executive Board 142nd session Provisional agenda item 3.6, Addressing the global shortage of, and access to, medicines and vaccines [EB/OL]. (2018 – 01 – 12) [2024 – 06 – 23]. https://www.who.int/publications/i/item/A71 – .

到专利权地域性原则的限制。专利权的地域性意味着在一个国家能够获得专利授权的药品在另一个国家也许无法获得专利保护；在一个国家合法存在的药品在另一个国家可能被判定为专利侵权的药品。药品的全球共同利益考量与专利权地域性存在潜在冲突，这使国际知识产权机制在药品领域需要作出一系列例外安排，例如 TRIPS 对出口药品专利强制许可的修改等规则。

药品与专利法律机制存在的这些潜在冲突，形成药品与专利权的特定性联系。法律对这种特定性联系的协调与平衡，逐步发展成为药品专利法学的独立学科体系，这些特定性联系所体现的具体法律规范构成药品专利法学的主要内容。

第三节　医药专利法学的体系结构

目前尚未有关于"医药专利法"的独立法规，有关医药的专利法律规则分布于不同的部门法之中。但由于医药专利法律规范的特殊性，其既不同于一般的药品注册技术，也不同于传统的部门法划分，有必要将医药专利法作为一个独立的法律体系加以考察。

一、医药专利法的特殊性

医药专利法具有不同于传统部门法的特殊之处，这些特殊性既是医药专利法可以成为独立法律体系的重要原因，也是理解医药专利法的基础。从医药专利的法律规则体系构成来看，其特殊性主要体现为以下三个方面。

（一）专利法与药品管理法的交叉与协调

医药专利法的特殊性首先体现为专利法与药品管理法的交叉

和协调需求。专利法与药品管理法原本属于调整不同法律关系的独立部门法，两者有着各自的立法目的。专利法的立法目的是"保护专利权人的合法权益，鼓励发明创造，推动发明创造的应用，提高创新能力，促进科学技术进步和经济社会发展"。将专利权界定为法定的排他权，权利人可以借助此种排他权拥有专利产品的市场独占权。药品管理法的立法目的是"加强药品管理，保证药品质量，保障公众用药安全和合法权益，保护和促进公众健康"。基于医药对公共健康的影响对其进行监督管理，在新药品上市销售之前对其安全性和有效性进行审查。为了通过审核并确保药品上市销售，原研药企业需要对新研发的药品进行临床试验，以取得能够证明药品安全性及有效性的试验数据。

两者产生交叉的表现是对同一类主体的共同规范，即新药的研发者。其在专利法体系下是药品的发明人或专利权人，在药品管理法体系下是新药上市行政审批程序的申请人。如果不对专利法与药品管理法的适用加以协调，两个部门法规则的同时适用会对规则的法律效力造成削弱，并对新药研发者的合法利益造成较大影响。医药专利法将与医药专利相关的权利义务置于同一法律体系框架之内，将专利法与药品管理法加以链接，在保护公共健康的同时，激励新药的研发并规范药品的上市销售。

（二）以"专利"为核心的学科交叉体系

医药专利法不等同于专利法，也不包含于专利法律体系，而是以"专利"为核心的学科交叉规范体系。医药专利法尽管以"专利"为核心，不仅涉及专利法律规范，还包括专利法之外的药品管理法等其他规范体系，如药品管理法体系下的专利链接机制等。

医药领域的研发成本高、风险大，从药物的初期研发到上市销售通常需要较长时间。专利制度可以很好地保障研发者的利益，通过技术排他性获取市场独占权，是医药领域最为倚重的法律规范。它一方面可以为具有新颖性及创造性的医药技术提供排他保护，另一方面可以广泛保护不同类型的新药技术，既包括最终的药品，又包括药品的生产方法、新的化学结构、药物的配方等。因此，专利法因对新药研发的激励与保护，占据医药知识产权法的绝对优势地位。同时，专利药品的上市销售同样受到药品管理法的规范，当仿制药申请人提出药品上市行政审批申请时，也会涉及是否构成对原研药品专利的侵权问题。这些规范与专利法律体系下的相关规范，共同构成医药专利法的重要组成部分。此外，理解医药专利法律规则必须辅之以必要的药品专业基础及伦理学知识。例如《专利法》规定，为补偿新药上市审评审批占用的时间，对在中国获得上市许可的新药相关发明专利，给予专利期间补偿。该法条规定中就涉及对"新药"的理解。而关于何为新药，就应当以药品专业的规范为依据进行理解。

（三）有关医药专利的具体规则具有分散性

如前所述，目前并没有统一的医药专利法，有关药品专利的法律规则散见于不同的法律法规之中，我们可以从不同角度理解这种分散性。从药品上市行政审批角度来看，这些规则既体现于专利法中，也体现于药品行政管理的法律规范之中；从知识产权类别角度来看，这些规则既体现为专利权，又体现为由专利权延伸的其他知识产权类别，如药品试验数据独占权等；从药品规则适用的地域范围角度，不仅体现为国内法律规则，而且体现为国际知识产权规则。因此，从现有规则的外在表现来看，组成该法学体系的具体规则具有分散性的特征。

尽管具体的医药专利法律规则较为分散，但立足于药品专利法学的理论体系视角，这些规则之间具有贯通性。这种贯通性表现在横向与纵向两个方面：横向的贯通性表现为不同部门法之间的联系，如药品行政审批与专利法之间的药品专利链接；纵向的贯通性则表现为药品专利权不同法律状态之间的联系，具体包括从药品发明研发、专利授权确权到权利实施等不同发展阶段。正是这些规则之间存在客观联系，使得从理论上确立医药专利法学的体系框架成为可能。

二、医药专利法学体系的基本架构

医药专利法学体系的基本架构可以从两个不同的角度进行理解，一个是从规则适用的地域范围角度，可以分为国内医药专利法律规则与国际医药专利法律规则；另一个是从具体规则的现有部门法角度，可以分为专利法框架下的医药专利法律规则与药品管理法框架下的专利相关法律规则。

（一）国内规则与国际规则

国内医药专利法律规则的体系性较为清晰。在专利法视角下，从医药专利的申请、授权、侵权例外到权利限制等不同环节，均有明确的法律规定。在药品的行政审批视角下，也可以清晰地分为申请药品上市的试验数据保护规则与专利链接规则。国内的医药知识产权规则又可以细分为本国规则与外国规则。我国的医药专利法律规则尚处于不断完善的过程之中，国内规则主要体现在《专利法》、《中华人民共和国专利法实施细则》（以下简称《专利法实施细则》）、《药品管理法》、《药品注册管理办法》

等之中。我国在制定医药专利法律规则时，会受到国际医药专利法律规则的较大影响。同时，也需要借鉴国外的医药专利规则。一些重要的医药知识产权规则，如药品专利期间补偿、专利链接等规则均起源于美国，我国在制定相应规则时，也应准确理解这些规则初始产生及适用的背景。此外，欧盟、加拿大等国家或地区的医药专利法律规则也具有一定的参考价值。

与国内规则相比，国际医药专利法律规则的体系性没有这样明显。国际医药专利规则的发展呈现两种走势：一种是针对解决具体的国际问题加以制定，如为解决非洲公共健康危机，修改药品出口的专利强制许可规则等。这种国际医药专利法律规则往往是基于现有的国际知识产权规则进行调整，主要是对世界贸易组织的重要国际知识产权条约 TRIPS 的修改。通过对现有国际规则的修改，解决特定的国际公共健康问题。另一种是制定新的国际医药知识产权规则。这些规则一般没有包含在现有国际知识产权条约之中，而是规定在 TRIPS 后期缔结的双边或多边自由贸易协定之中。由于这些规则的保护标准往往超出 TRIPS 的现有规则，又被称为 TRIPS – Plus 规则。

（二）两大部门法框架下的专利规则

医药领域是一个重要的产业领域，医药专利法律规则以专利法框架下的法律规则为主，也包括医药管理法框架下的专利法律规则。为了清晰地展现医药专利法学体系，可以将这些规则具体分为以下两类。

1. 专利法体系内的医药规则

这些规则全部规定在专利法律体系之内，包括两个部分规则：①一般性的医药专利规则；②与药品行政审批有关的专利规则。

2. 药品管理法体系内的专利相关规则

这些规则是指规定在药品管理法律体系之内，但与专利权保护及实施密切相关的规则。这类规则也包括两个部分的内容：①与药品专利有关规则（药品专利链接规则）；②药品试验数据保护的法律规则。

三、医药专利法学体系的主要内容

医药专利法的完善是一个发展的过程。由于目前的医药专利法律规则主要体现在已有部门法体系之中，且各个部门法体系相对较为成熟，在现有部门法体系下阐述医药专利法律规则，会更加易于理解。未来如果形成独立的医药专利法规范，体系内的规则安排必然会更加具有逻辑性和合理性。医药专利法学体系的基本结构如图 2 所示。

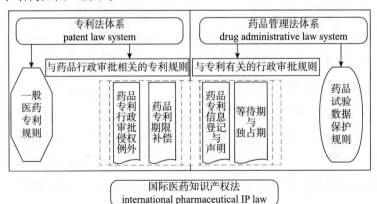

图 2　医药专利法学体系的基本结构

（一）专利法体系下的医药规则

专利法是对医药领域作出特定性规则最多的法律体系。其原因在于，在所有知识产权类别中，专利权具有最强的排他性，私权属性赋予权利人极强的市场独占权。而医药技术又与人类公共健康密切相关，影响着药品的可获取性和可负担性。因此，专利法体系下的医药规则主要是不断调整利益平衡的规则。由于医药专利规则同样散见于专利法体系的不同条款之中，将这些专利规则按照一定规律加以分类，会更容易理解。基于药品行政审批程序对药品专利权实施的重要影响，这些规则可以分为"一般医药专利规则"和"与药品行政审批相关的专利规则"两个部分。

1. 一般医药专利规则

一般医药专利规则是基于医药领域自身属性而制定的专利规则。根据专利权的产生及实施的不同阶段，主要包括：①医药领域的可专利客体、申请与授权条件。并非所有的技术发明都能够被授予专利权，专利法对涉及利用遗传资源的发明，以及疾病的诊断和治疗方法等作出了一些限制性的规定。②医药专利的强制许可。医药专利的强制许可也是对医药领域专利权的一种限制性规定，但专利法对药品专利强制许可的特殊规定，主要体现为对强制许可生产药品出口的规范。

2. 与药品行政审批相关的专利规则

专利法体系中无法忽视药品行政审批程序对专利法目标的影响，也需要回应涉及药品行政审批程序行为的法律适用问题。专利法对涉及该程序的两个重点问题进行了回应：一是为了通过药品行政审批程序要求实施药品专利技术，申请人是否能够被认定为专利侵权行为？二是对于药品行政审批程序占用的专利法定期间，是否可以要求补偿？对于第一个问题，专利法中规定了"药品专利行政审批"的侵权例外规则，以及药品专利纠纷早期解决机制。对于第二个问题，专利法中规定了药品专利期限补偿制度。

（二）药品管理法体系下的专利相关规则

药品管理法体系主要对药品上市销售前的合法性进行审核和监督管理，是与药品市场销售及竞争联系最为密切的一个环节。按照与专利法的相关性，药品管理法体系下的专利相关规则也可以分为两个部分：一部分是行政审批程序中涉及药品专利保护的规则；另一部分是在药品管理法体系下，对新药申请者药品试验数据的保护规则。

涉及专利药品行政审批规则解决的问题是，对于药品专利权人之外的申请者（仿制药企业），能否就同样药品申请上市许可？这部分规则需要与专利法的规定进行衔接，如对于仿制药企业认为可能无效的专利，是否允许申请者进行专利挑战等。专利权人可以对此申请提起专利纠纷诉讼，药品监督管理机构根据法院判决采取相应的药品行政审批程序措施。在药品管理法体系下，基于原研药企业对药品安全性及有效性数据获取的巨额投入，药品监管机构对申请上市新药的药品试验数据给予了商业秘密保护和独占权保护。这一保护是对药品专利市场独占权的补充，如果无法利用专利独占期，原研药企业依然可以依赖对药品试验数据的事实控制和法定独占期，实现对药品市场销售的独占权。

（三）国际医药专利及相关法律规则

知识产权有地域性，但公共健康无国界。医药专利法律规则，尤其是国际医药专利法律规则必然要面对全球性公共健康危机的挑战。从 20 世纪末非洲暴发的艾滋病公共健康危机到埃博拉疫情，以及全球新冠疫情，无一不涉及国际专利法律规则的适用。这些规则包括 TRIPS，也包括 TRIPS 基础之上的《关于〈与贸易有关的知识产权协定〉与公共健康多哈宣言》（以下简称《多哈宣言》）以及《关于 TRIPS 的部长级决定》（即疫苗专利豁免决定）等国际法律文件。从我国现有立法来看，国际医药专利法律规则的变化大部分已被纳入国内立法，是我国医药专利法律规则的重要渊源。国际组织和各国政府对促进国际医药知识产权规则的进步作出了积极的努力，也取得了一定的成果。但在全球公共卫生事件下真正解决药品的全球可及性挑战，依然任重道远。

第二章

医药专利法的伦理考量

在公共健康领域，伦理的考量不可或缺。医药与公共健康密不可分，在医药专利法律体系中，伦理的考量同样指引并制约着具体规则的走向。医药专利法涉及一项重要的利益平衡，即全社会公共健康与专利权人专有权之间的协调，其中的伦理学思考也是规则设计的重要考量因素。

一、关于伦理学

（一）伦理的界定

我们在日常生活中经常会提到"伦理道德"，它有时被用于评价一种行为的对错，有时则被用于判断一个人的善恶。它虽然不同于国家强制规定的法律，但是社会生活中的重要准绳，对于法律规则的制定具有重要影响。

由于词源的流变和东西方历史上文化交流的影响，国内学界对"伦理"与"道德"、"伦理"与"ethic"（伦理）的看法并不一致。中国的"伦理"更强调人伦道理，即处理人与人之间关系的道理和法则；西方的"ethic"一词源于古希腊语，本义为

"品格"，"道德"（moral）的词源则近似"习俗"或"礼仪"。❶伦理学考量的是价值维度问题而非事实维度问题，专注于"真善美"中的"善"（善恶判断）而非"真"（真假判断）。一般而言，当我们说某人是好的还是坏的、某人做的某事是对的还是错的，是在进行一个道德判断。对这种道德判断以及相应道德问题进行深入的探究与反思，就是伦理学考量的主要内容。我们不会评价一块石头是善良的，或说狼吃羊是邪恶的，这也是为什么古今中外都有学者将伦理学解释为研究人类社会内部问题、人与人之间关系的学科。需要注意的是，伦理学考量的"是非""对错"也是此意义上人类社会内部发生的事件、行为的对错，而非一般意义上描述任一命题的真假对错。❷

（二）三种经典学派：义务论、后果论与德性伦理学

伦理学考量的首要问题是：什么样的行为是道德上正确的？对此，许多知名哲学家如康德、边沁、亚里士多德对此问题给出了回应，他们代表着经典的伦理学学派。

以康德为代表的义务论（也称"道义论"）伦理学（deontological ethics）强调，重要的不是行为造成的结果，而是行为本身。例如，撒谎是坏的，那么哪怕是能带来好结果的谎言也不应当说出口。而如何判断哪些行为是好，哪些行为是坏？康德提出了普遍性法则："要只按照你同时能够愿意它成为一个普遍法则

---

❶ 林火旺. 伦理学入门［M］. 上海：上海古籍出版社，2005：11.
❷ 对于道德判断是否与其他逻辑上、自然科学中的真假判断本质上同源，这涉及复杂的元伦理学探讨。

的那个准则去行动。"❶ 通俗而言，如果你希望做某件事，一定要考虑别人也做这件事，考虑这件事作用在你身上，甚至考虑全社会都一起做这件事——若是即使如此你也愿意，那这件事就是合乎道德的。这种观点类似儒家所讲的"己欲立而立人，己欲达而达人"，即先通过推己及人的方式得出一些确定人人都能接受的道德准则，然后严格遵守，不去考虑单个事件的具体后果。

以边沁和密尔为代表的后果论（consequentialism）伦理学则持有截然相反的立场，他们认为评价一件事在道德上是否正确，唯一的标准就是这件事最终带来了好的结果还是坏的结果。如果我们继续追问，如何判断结果是好还是坏呢？有人主张用社会总体寿命，有人主张用社会总体财富，不过最常见的还是用快乐主义（hedonism）作出回应，即能在结果上增进全社会最大多数人的最大幸福（快乐）的行为就是道德上好的行为，这种观点就是著名的功利主义（utilitarianism）。边沁指出："功利原理是指这样的原理：它按照看来势必增大或减小利益有关者之幸福的倾向，亦即促进或妨碍此种幸福的倾向，来赞成或非难任何一项行动。我说的是无论什么行动，因而不仅是私人的每项行动，而且是政府的每项措施。"❷ 密尔则进一步解释了"幸福"，"所谓幸福，是指快乐和免除痛苦"，而且快乐有质的区别，有高低之分。❸ 功利主义往往是符合直觉的，它接受一个带来好结果的谎言，但在面临"牺牲少数的正当性""量化价值的可行性""长

---

❶ 康德. 道德形而上学的奠基 [M]. 李秋零，译. 北京：中国人民大学出版社，2013：40.

❷ 边沁. 道德与立法原理导论 [M]. 时殷弘，译. 北京：商务印书馆，2000：58.

❸ 密尔. 功利主义 [M]. 戴家琪，译. 上海：上海译文出版社，2020.

远预测的困难"❶ 等问题时也会遭遇困难。

在上述两派的对抗之中，第三个学派以回归亚里士多德的德性（也称"美德"）伦理学（virtue ethics）为代表。他们不关心事件的结果或事件本身，而是关注发起某一事件的行为者。具体而言，他们关注个体身上的美德、品性以及总体动机。框定某个行为是困难的，因为我们往往需要具体问题具体分析，而且某人做某事具体动机的善恶甚至可能与此人的总体动机相反，因而德性伦理学采取了关注行为主体的方式化解这些困难。❷ 古希腊哲学家认为，美德是通过实践和习惯形成的良好性格，需要能辨别善恶的智慧（苏格拉底）以及中庸适度的妥当行为（亚里士多德）。也有学者将美德视作一系列道德规则的集合，或一种"善的存在方式"，其能够让行动者内在地变善并作出正确的行动。❸ 如此一来，只要个体拥有了美德，社会的道德问题也就迎刃而解，如何判断一件事合乎道德便也不再重要了，因为拥有美德之人自然会行符合道德之事。

以上三派都是关于伦理学最根本的问题，即如何判断行为的善恶好坏、是非对错。这些问题和事实性问题相区分，也被称作规范性问题，其伦理学考量也被统称为"规范伦理学"。在规范伦理学之外，还有更具体的问题，以及更加抽象、深层次反思的问题。这些统称"应用伦理学"，其中就包括"医学伦理""科技伦理"等，它们会结合统计学、法学、心理学、政治学等内

---

❶ 威廉斯. 功利主义：赞成与反对 [M]. 牟斌，译. 北京：中国社会科学出版社，1992.

❷ SLOTE M. Morals from motives [M]. Oxford：Oxford University Press，2001：34.

❸ 赫斯特豪斯. 美德伦理学 [M]. 李义天，译. 南京：译林出版社，2016：15.

容，具体地就某一问题展开论证，如"自动驾驶汽车出现事故谁应当负责""代孕是否可以合法化"。在讨论具体的药品知识产权问题之前，我们需要对伦理学考量的领域有上述大致的把握。

二、医药专利法的规范伦理学考量

在针对药品专利的伦理问题的绝大多数讨论中，都能找到其在规范伦理学理论中的依据。在伦理学领域，对于医药专利法律制度从不同的视角会有不同的考量。医药专利制度中最显著的伦理困境在于专利权保护与公众健康需求之间的冲突，以改编自现实、讲述仿制药故事的影视作品《我不是药神》为例，其中药品专利权带来的贫富患者待遇不公正问题以一种尖锐的方式呈现出来。穷人的生命健康是一个显然需要维护的正面价值，它直接与医药企业的经济利益、激励创新等正面价值产生了冲突。对此，后果论、义务论和德性伦理学分别有各自的分析。

让我们首先从后果论的立场展开分析。后果论认为，评价某件事道德与否，关键是该件事是否带来了客观上好的结果。如果单单考虑知识产权制度本身，它确实激励了创新，或许也有一些连带的不公正和垄断，但总的来说倾向于利大于弊。然而考虑到药品知识产权可能让一些患者无法得到药品，要么担负巨大的经济压力，要么放弃自己的生命健康，平衡的天平也就发生了倾斜。仿制药支持者会指出，这虽然损失了医药企业的经济利益，却拯救了许多人的生命，孰轻孰重显而易见。然而，这并不意味着在后果主义的框架内必然支持仿制药。有两种常见的回应：其一，在进行长远的后果考虑时，药品知识产权制度可能带来更大的效益，反之，破坏医药知识产权制度可能贻害无穷。这类反驳往往会强调激励创新的必要性，即如果专利制度被彻底否定，医药企业可能彻底不研发新药，就会有无数本可以被拯救的人失去生命，此时天平的两端都放上了"生命"的筹码，就不再能给出之前那样明确的"一边倒"判断了。其二，在针对罕见病的情况时，如果没有药品专利，医药企业很可能根本不会为了极少数人进行药品研发。这种情况把第一种回应中的"长远考虑"收束到了一个事件中，形成一种自悖的状态——为了救人而否定药品专利，反而导致救人之药不会诞生。如果我们坚持医药企业应当为罕见病研发药物，就不得不回应"人命是否真的是无价或无法计价的"这一问题，因为开发药品的成本（包括医药企业承担或国家补贴承担的部分）也可以投入其他有利于社会福祉的领域，为个体生命无限投入时间、金钱成本并不符合后果主义的计算法则。在后果主义的讨论中，人们往往会尝试探讨"专利激励创新"增进的社会福祉更多还是"拯救部分贫穷患者生命"增进的社会福祉更多。它不仅涉及社会的方方面面，而且包含了大量潜在的、假设的内容。而对于强调"人类的生命健康具有绝对价值"的义务论伦理学来说，则不存在对长远后果或普世影响的计算难题，这一切实质上只是"知识产权"（可以展开为"激励创新"和"私有财产"）和"生命"两个正面价值的优先级之分而已。

义务论强调行动本身的道德性，而非其结果。根据这种理论，医药知识产权制度应被设计为一种合乎道德的义务，因为它尊重发明者的权利并保护他们的劳动成果。我们生活中经常会遇到两个正面价值冲突的情况，有的义务论支持者会认为正面价值之间是有优先级排序的，例如生命最为重要，而对财产以及创新的保护则次之。这种立场下结论是简单的，虽然需要一些针对优先级排序的论证，而且面临一些潜在的来自后果主义者的诘难，但其毕竟给出了明确的回复。有的义务论支持者会承认正面价值存在冲突，但否定价值之间存在优先级差异。借鉴托马斯·阿奎那的双重效应原则❶，强调违反某一道德法则的行为仍可能是合道德的，只要它遵循合道德的意图。也就是说，只要不以牟利或刻意破坏专利权为目的，而是以救人为目的，仿制药就是可接受的。但基于同样的论证，似乎只要是以维护专利的正面价值为目的，阻止仿制药、默许患者死去也是合道德的。但双重效应原则强调"善果不能通过恶果来实现""善果必须与恶果成比例"。此外，也有义务论的支持者不认同价值之间的优先级差异❷，甚至不认同价值之间的冲突，而是转而反思：冲突的价值之中是否存在某个价值并非真正的"普遍法则"或"绝对命令"。置于医药知识产权的考量中，即患者因贫穷可能受损的生命健康价值与医药企业的创新、私有财产价值之间，是否存在并非普遍法则的"虚假"价值。因此，义务论也强调，保护知识产权的同时，社会有责任确保患者获得必要的药物，特别是在关乎生死的情况下。道德义务不仅在于保护创新者的权利，还在于确保公众能够公平获得所需药物。

对于德性伦理学而言，关注行为者的道德品性。根据这种理论，医药知识产权制度的设计应反映正直、慷慨和社会责任等美

---

❶ CAVANAUGH T A. Double – effect reasoning: doing good and avoiding evil [M]. Oxford: Oxford University Press, 2017.

❷ O'NEILL O. Constructions of reason: explorations of Kant's practical philosophy [M]. Cambridge: Cambridge University Press, 1990.

德。德性伦理更加关心医药企业本身的"德性"，如医药企业是否很好地履行了社会责任和社会义务、积极促进药品的平价化、将收益投资于增进社会福祉的基金等。然而在现代商业社会中，不仅抛弃逐利原则是一件违背市场经济运行逻辑的难事，而且企业主体是否拥有"德性"也是一件有待明确的事情。

总之，在医药专利领域的专利保护与维护公共健康利益之间，的确存在伦理考量的平衡需求。过度的专利权保护可能导致药品价格过高，特别是在发展中国家，贫困人口无力购买所需药物。而弱化或取消专利权保护也有可能削弱创新激励，阻碍新药的开发。但我们能够明确的考量是，道德义务是多方道德责任的平衡，不仅是对专利权人，而且是对患者。对于专利权所有人，道德义务是保护创新的知识产权；对于患者，道德义务的基础是健康权，国家有义务保证公民获得所需药物。同时，不仅要关注国内的医药公平问题，而且要关注国际范围内的人类健康平等问题。国际社会应当采取积极的举措，加强国际合作，加强中低收入国家的药品可及性。因此，从规范伦理学的角度来看，医药专利法律制度需要通过一系列复杂的平衡来促进社会正义、创新激励和全球公共健康。

三、医药专利权的应用伦理分析

对于医药专利权问题的分析，应用伦理与规范伦理不同。规范伦理学讨论普遍适用的道德原则，回答"什么是正确的""哪些原则优先"的问题，而应用伦理学，则将伦理学原则应用到特定的实际问题之中，解决现实的伦理困境，即如何根据实际情况应用伦理原则来解决医药知识产权制度中的问题，规范伦理学是主要的理论基础。在应用伦理学层面，药品知识产权与医学伦理、科技伦理、商业伦理的关系最为密切。商业伦理往往强调普遍意义上商业效益与社会责任的平衡。而医药领域关乎所有公民的生命健康权和社会福祉问题，需要更深入地探讨其中社会责任的构成以及正当性，可以说这一领域的应用伦理分析是一种更严苛、更具体的商业伦理审视。

与医药专利权问题息息相关的领域主要是医学伦理与科技伦理。医学伦理强调"自主、不伤害、行善、公正"的基本原则，源于《希波克拉底誓言》❶，关注医学领域的职业道德，近代愈发转向生命伦理；科技伦理强调"科技向善"，即以伦理的视角审视每一种科技进步可能带来的社会影响，提前反思和发掘潜在的隐患。科技自然包括生物科技、医疗科技，因此这两个应用伦理学领域探讨的问题多有重叠。

对于医药专利权具体伦理问题的考量，可以分为"对药品本身道德问题的研究"与"对药品分配道德问题的研究"两类。

第一类考量的情形是药品本身的道德正当性，如药品在实验、制造以及推广过程中是否造成了对人的侵害，其中包括对具体生命健康权、知情同意权、隐私权等个人权利的侵害。对一些涉及人体基因数据、基因改造、器官移植的医药专利权，伦理专家会结合潜在的社会风波、风险、宗教文化背景进行伦理审查和评估，从而改变某一个或某一类专利审核的效率乃至结果。这是药品专利权相关的伦理问题，但这不是针对"药品专利权"进

---

❶ Hippocrates, The Oath, in Great Books of the Western World, William Benton (1980).

行反思的伦理问题。药品上市销售的行政审批规则，就是认可保护生命健康权道德正当性的结果。按照该规则，药品在市场销售之前必须通过国家对药品安全性和有效性的审查，只有认为不会对公众健康造成损害的药品，才能获得上市销售的审批，这反映了政府及医药企业对患者的道德责任。国家药品监管机构应在药品上市之前充分披露相关信息，包括药品的成分、副作用和预期疗效等，保护公众的知情权。这些措施被用来调控道德上好或不好（或有潜在风险）的药品进入社会的进程。

第二类考量内容关注的是药品分配过程，讨论药品专利法律规则本身的道德正当性，也是较为重要的部分。在知识产权保护下，医药技术的转让与传播的门槛被提升，会直接导致两个结果：药品价格上涨和药品可及性降低。这在一定程度上加剧了贫富群体在生命健康权上的不公平待遇，由于药品专利权的垄断性，加之当前专利法律体系的地域性，进一步导致发达国家和发展中国家在整体健康水平上的不公正。一些分歧较大的问题随之产生，例如，未经专利授权的仿制药是否合乎道德？只有富人可以承担的"天价药"是否合乎道德？在面临无法获得药品的问题时，应用伦理学会探讨如何调整现有制度来解决这一实际问题，而不仅仅是知识产权制度本身的正当性。体现在法学领域，医药专利法律规则确立了平衡利益关系的专利权限制规则，最为典型的规则是对药品专利的强制许可规则。按照强制许可规则，生产药品的垄断权不再单纯由药品专利权人控制，在遇到公共健康危机时，国家可以不经权利人同意授权其他仿制药企业生产相同或类似的药品。通过强制许可等限制性规则可以确保药品的可及性，降低药品的价格，同时不会侵害药品的专利权。

应用伦理学家通常聚焦于具体问题，搜集国际政治、法学、经济学、社会学等领域的相关资料，条分缕析地分析药品专利在各种时空背景下的道德性。他们的论证依托于事实和理论两方面：事实部分包括统计数据、法律法规等，理论部分则结合各学科的理论。

四、医药专利法的伦理学反思

生命权的道德性是较为容易追溯的，因为不仅有人类，绝大多数生物都有趋利避害、自我保存的倾向，在无机物中也有维持自身有序性的自稳态耗散结构。道德自然主义者会认为，"不能杀人"这样的道德规则可以追溯到植根于基因的生物本能，甚至某种物理法则，这无疑是实在的，甚至是可还原的。相较而言，知识产权则呈现出更偏向社会需求产物的外观。专利制度虽然可以追溯到公元前对工匠技术的商业独占奖励，但现代专利制度仍根基于、服务于资产阶级市民社会发展的需求。工业革命时期的西方资本主义国家将发明创造固定为一项权利，并将其与私有财产一起予以保护，从而使创新能够融入资本主义的商业运作逻辑和生产方式体系，激发了技术进步，提高了当时社会生产的效率。

但这些正面价值并非不可质疑。一些马克思主义者主张，知识产权制度将本应属于社会公共资源的知识、技术私有化，将知识生产和创新纳入资本主义体系，使其服务于资本积累而非社会发展，最终会加剧资产阶级与无产阶级的不平等，带来垄断，进而阻碍社会生产力的发展。❶ 结合针对当代跨国资本主义和新帝国主义的批判，除马克思主义之外，许多自由主义、后殖民主

---

❶ 彼得·德霍斯. 知识财产法哲学 [M]. 周林，译. 北京：商务印书馆，2017.

义、技术批判主义都因潜在的垄断和分配不公问题对专利本身持有批判态度。❶ 此外，也有部分反进步主义、反现代主义主张，技术发展本身未必是具有绝对正向价值的，从而对专利权"促进创新和技术发展"一事持有批判态度。总的来说，相较于患者生命健康权的道德价值，保护知识产权附属的道德价值更依托于特定的社会语境。因此，至少对于一部分道德实在主义者而言，专利权保护的道德价值可能是存疑的，虽然这仍需要进一步的论证。

除道德实在论之外，道德相对主义的探讨也与药品知识产权的伦理问题息息相关。道德绝对主义与相对主义的区别在于，是否承认存在一个不随时空改变的道德真理。道德绝对主义认为存在一个普遍适用的道德真理，而道德相对主义与之相反，认为道德标准是主观的，不存在绝对的道德真理。在关于医药知识产权问题的讨论中，许多解决方案事实上采取了道德相对主义而非绝对主义的立场。例如，在空间上的道德相对主义，对发展中国家和发达国家采取区分对待的态度；在时间上的道德相对主义，对一般状态和紧急状态（如公共卫生安全危机）采取区分对待的态度。这些方案确实给出了现实可行的回应，也往往遵循着实事求是的方法论。在社会实践的意义上，法学工作者、医学工作者、药学工作者、政策制定者可能常常会面临不得不"一刀切"、不得不区分对待的情况。但仍需考虑，至少对于道德绝对主义者而言，许多方案仍没有彻底结束整个争论，需要社会各界积极推进探究，为药品专利相关伦理问题的解决贡献各自的力量。

---

❶ 大卫·哈维. 新帝国主义［M］. 付克新，译. 北京：中国人民大学出版社，2019.

第三章

医药专利法的基础知识

医药专利法的学习应当首先由一般专利法的基础知识着手。对于已经学习过知识产权法学的法学专业学习者而言，这一部分知识可以略过。对于医学专业学习者来说，则要认真学习并理解。只有在熟练掌握这些基础知识之后，才能理解并准确运用有关药品专利的特定法律规则。

专利法的基础知识主要包括以下六个部分内容：专利授予对象、专利基本类型、专利授权条件、专利权利内容、专利侵权表现和专利侵权抗辩，如图 3 所示。

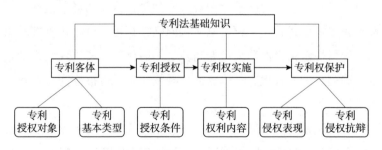

图3　专利法基础知识的主要内容

一、专利权的客体

专利是指经专利主管机关依照法定程序审查批准的、符合专利授权条件的发明创造。专利权是专利持有人对该发明创造依法享有的排他专有权，需要经过国家相关主管机关授权取得。学习专利权的客体就是了解医药领域能够被专利权保护的对象。

专利权客体又称专利法保护对象，是指能够取得专利权，受到专利法保护的发明创造。关于专利权客体的相关立法，各国专利法大抵从两个方面作出规范：一是明确"可专利主题"，凡符合主题范围的发明创造就是专利法的保护对象；二是设置"专利排除领域"，凡禁止或者不授权的发明创造，或是缺乏足够的技术性，无法成为专利法意义上的技术方案，或是虽为技术方案，但因专利政策目标而被排除。❶

（一）专利的授权对象

按照专利法中的一般规则，只要符合法定的授权标准，任何发明创造都可以申请专利授权。因此，掌握专利的授权对象可以侧重从禁止授权的角度进行理解。专利禁止授权的对象包括原则性禁止和清单式禁止。顾名思义，原则性禁止是对禁止授权对象的原则性规定，也被称为可专利性的一般例外。清单式禁止则是以明确列举的方式规定具体的禁止授权对象，也被称为可专利性的具体例外。

专利授权对象的原则性禁止一般指对违背公共利益发明创造的禁止授权。TRIPS 第 27 条第 2 款明确规定了可专利性的一般

---

❶ 吴汉东. 知识产权法［M］. 北京：法律出版社，2021：329.

例外。按照该款规定，"各成员可拒绝对某些发明授予专利权，如在其领土内阻止对这些发明的商业利用是为维护公共秩序或道德，包括保护人类、动物或植物的生命或健康或避免对环境造成严重损害所必需的，只要此种拒绝授予并非仅因为此种利用为其法律所禁止"。TRIPS 规定的一般例外，主要是指公共秩序和道德例外。在一些特殊情形下，授予专利权使其进行商业性利用可能会对公共秩序或道德造成威胁。TRIPS 规定了两种维护公共秩序与道德的示例，一是为了保护人类、动物或植物的生命或健康，二是为了避免对环境造成严重损害。在这两种情形下，成员可以不授予专利权。《专利法》第 5 条规定，"违反法律、社会公德或者妨害公共利益的发明创造，不授予专利权"，也是对专利授权对象的原则性禁止。

对于已经明确不予授予专利权的对象，法律也会采取清单式禁止的方式加以列举。TRIPS 第 27 条第 3 款规定的两种具体例外分别是：第一，人类或动物的诊断、治疗和外科手术方法；第二，除微生物外的植物和动物，以及生产植物和动物的生物方法，非生物和微生物除外。与 TRIPS 相衔接，《专利法》的清单式禁止规定在第 25 条。

《专利法》第 25 条 对下列各项，不授予专利权：

（一）科学发现；

（二）智力活动的规则和方法；

（三）疾病的诊断和治疗方法；

（四）动物和植物品种；

（五）原子核变换方法以及用原子核变换方法获得的物质；

（六）对平面印刷品的图案、色彩或者二者的结合作出的主要起标识作用的设计。

对前款第（四）项所列产品的生产方法，可以依照本法规定授予专利权。

《专利法》列举不授予专利权对象的前两项是"科学发现"和"智力活动的规则和方法"，因其不属于发明创造，不属于授予专利权的对象。此外，第（3）项和第（4）项是出于政策的角度，第（5）项是出于国家安全例外的考虑，第（6）项则是为了避免《专利法》取代《商标法》的识别功能，不授予专利权。

（二）专利的基本类型

在我国，专利主要包括发明、实用新型和外观设计三种基本类型。

1. 发明专利

发明专利是指对产品、方法或者其改进所提出的新的技术方案。发明的特征是在利用并符合自然规律的基础上作出的，并能够制造和实施的具体创新技术方案。《专利法》保护的发明包括产品发明、方法发明，其中产品发明是指人工制造的各种制成品或产品，对产品专利的保护范围限于产品本身；方法发明是指把某一物品或物质改变成为另一种状态或改造成为另一种物品或物质的方法，方法发明专利保护方法本身，如果是制造方法发明，专利保护的效力还可以及于直接使用该方法制造的产品。

2. 实用新型专利

实用新型专利是指对产品的形状、构造或者其结合所提出的适于实用的新的技术方案。实用新型保护的是经工业方法制造的产品，能够获得实用新型专利的产品限于具有立体结构且能够移动的固体产品。与发明专利相比，实用新型专利对于创新程度的要求较低，审查周期更短，获得授权审批的速度也相对更快。但实用新型专利的保护期间也较短，只有发明专利保护期间的一半（10 年），保护范围也相对较窄，不包括方法专利。

3. 外观设计专利

外观设计专利是指对产品的整体或者局部的形状、图案或者其结合以及色彩与形状、图案的结合所作出的富有美感并适于工业应用的新设计。外观设计专利强调该工业设计的美感，且必须以具体的产品为载体。与前两种专利类型相比，外观设计专利不具有保护产品功能或原理的作用，而主要用于保护产品的外观。

二、授予专利权的条件

国家专利行政主管机关依照法定程序和法定条件授予专利权，专利权获取必须符合《专利法》规定的授权条件。各国对于专利授权条件的规定较为一致，一般包括新颖性、创造性和实用性三项基本要求。

（一）新颖性

专利权的保护期限自专利申请之日起算，专利是否具有新颖性一般通过与现有技术的对比加以判定，比对的节点日期就是专利的申请之日。

专利授权的新颖性有两项判定标准：其一是对于发明和实用新型，不属于申请日以前在国内外为公众所知的技术，即不属于现有技术；对于外观设计，不属于申请日以前在国内外为公众所知的设计。简言之，申请专利的客体并非已经在公开领域存在的现有技术，而是新的技术方案或设计。对于已经存在，但以秘密方式被保护的同样的技术方案或设计，不会阻碍专利的授予，也不会破坏专利的新颖性。其二是不存在抵触申请。这种情形比较特殊，是指没有任何单位或者个人就同样的发明或者实用新型在申请日以前向国务院专利行政部门提出过申请，并记载在申请日以后公布的专利申请文件或者公告的专利文件中。该技术方案不存在于为公众所知的领域，但也没有打算以秘密方式保护，而是处于专利申请的公布或公告阶段之前。如果这一技术方案的专利申请早于需要进行新颖性判断的专利申请，则构成需要进行新颖性判断专利申请的抵触申请。举例说明：我们将需要进行新颖性判断的专利申请称为"第二申请"，将在其申请日前已经进行的专利申请称为"第一申请"，且第一申请与第二申请包含同样的技术方案。如果第一申请为发明专利，其在 2023 年 3 月 1 日提出专利申请，计划在 2023 年 8 月 1 日申请公开并接受专利实质审查；第二申请在 2023 年 6 月 1 日提出专利申请，当判断第二申请的新颖性时，以第二申请的申请日为节点，第一申请因为尚未公布，并非已经在公开领域存在的现有技术方案，但同样会破坏第二申请的新颖性。因为第一申请构成破坏第二申请新颖性的抵触申请。

（二）创造性

创造性是与新颖性相关的授权要求，两者不是孤立存在的。一项发明创造仅满足新颖性要求并不足够，还需要在确定新颖性的基础之上，达到并非本领域一般技术人员显而易见的技术高度，即专利具备创造性。创造性是指同申请日以前的现有技术相比，发明具有突出的实质性特点和显著的进步。实用新型具有实质性的特点和进步，外观设计与现有设计或者现有设计特征的组合相比，具有明显区别。按照《专利审查指南2023》第二部分第4章第2.2节和第2.3节的阐释，发明的突出实质性特点，是指对所属技术领域的技术人员来说，发明相对于现有技术是非而易见的。发明有显著的进步，是指发明与现有技术相比能够产生有益的技术效果。❶从规定可见，法律对发明专利与实用新型专利的创造性要求标准不同。

判断发明专利申请是否具备创造性，一般按照以下三个步骤进行：①确定最接近的现有技术；②确定发明的区别特征和发明实际解决的技术问题；③判断要求保护的发明对本领域技术人员来说是否显而易见。❷

（三）实用性

实用性是指同申请日以前的已有技术相比，发明或实用新型能够制造或使用，并且能够产生积极的效果。对违反法律、社会公德或者妨害公共利益的发明创造，不授予专利权。对违反法律、行政法规的规定获取或者利用遗传资源，并依赖该遗传资源完成的发明创造，也不会被授予专利权。

三、专利侵权的表现与抗辩理由

（一）专利侵权的行为表现

专利权是权利人的独占实施权，通常表现为一种禁止性权利。按照《专利法》第11条的规定，发明和实用新型专利权被

---

❶　国家知识产权局. 专利审查指南2023［M］. 北京：知识产权出版社，2024：185.

❷　国家知识产权局. 专利审查指南2023［M］. 北京：知识产权出版社，2024：188.

授予后，任何单位或者个人未经专利权人许可，都不得实施其专利，即不得为生产经营目的制造、使用、许诺销售、销售、进口其专利产品，或者使用其专利方法以及使用、许诺销售、销售、进口依照该专利方法直接获得的产品。与之相对应，未经权利人许可实施以上行为，则构成对专利权的侵权行为，且不以实施人主观存在过错为构成条件。

具体的专利侵权行为包括未经权利人许可制造专利产品、使用专利产品以及许诺销售、销售专利产品以及进口专利产品。其中，制造专利产品就是制作包含专利权利要求记载的全部技术特征的产品，未经权利人许可为生产经营目的制造专利产品的行为构成侵权。由于制造行为是专利侵权产品的源头，法律对于未经许可制造专利产品的侵权行为处罚更为严厉。如前所述，是否构成专利侵权，不以侵权人是否存在主观过错为构成要件。换言之，即使侵权人不知道销售的是侵权产品，其销售行为本身已构成侵权。按照《专利法》第77条的规定，虽然是为生产经营目的，使用、许诺销售或者销售不知道是未经专利权人许可而制造并售出的专利侵权产品，如果能够证明该产品的合法来源，可以不承担赔偿责任。这一规定减轻了无过错侵权人需要承担的法律责任，但该项法律规定排除了制造行为。如果制造人不知道自己制造的是侵权产品，即使制造人能够说明制造行为的合法来源（如接受委托等），也不能免除承担赔偿的责任。

（二）专利侵权的抗辩理由

作为对专利独占权的一种限制，《专利法》规定的一些行为尽管具备专利侵权外观，但在法律上不视为专利侵权的具体表现。如果侵权人行为符合法律规定的情形，就可以援引相关法律规定，作为专利侵权的抗辩理由。《专利法》第75条共规定了五种不视为侵犯专利权的行为。

1. 专利权权利用尽

专利权权利用尽也被称为专利产品首次销售后的专利权利穷竭。权利用尽是指专利产品或者依照专利方法直接获得的产品，由专利权人或者经其许可的单位、个人售出后，其他人使用、许诺销售、销售、进口专利产品的行为，不再视为侵权行为。

2. 在先使用

在先使用是指在专利权人申请专利之前已经在先使用专利技术的行为。在专利申请日前已经制造相同产品、使用相同方法或者已经作好制造、使用的必要准备，并且仅在原有范围内继续制造、使用的行为，也不视为专利侵权行为。

3. 临时过境

临时通过中国领陆、领水、领空的外国运输工具，依照其所属国同中国签订的协议或者共同参加的国际条约，或者依照互惠原则，为运输工具自身需要而在其装置和设备中使用有关专利的行为，不被视为专利侵权行为。

4. 科学研究或实验使用

专为科学研究和实验而使用有关专利技术的行为，不被视为侵犯专利权的行为。

5. 药品行政审批例外

为提供行政审批所需要的信息，制造、使用、进口专利药品或者专利医疗器械的，以及专门为其制造、进口专利药品或者专利医疗器械的行为，不被视为侵犯专利权的行为。

四、专利权的限制：强制许可

尽管专利权是专利权人的独占权，但各国法律中都规定了不必取得专利权人同意就可以实施专利的情形，这些情形中的典型代表就是强制许可。专利强制许可是指一国政府授权公司、政府机关或其他主体在不必取得专利权人同意的情况下，实施专利技术生产专利产品或使用专利方法的一种特殊许可。强制许可允许其他主体在没有专利权人同意的情况下实施专利技术，显然是对专利权的一种限制，但这种限制只能在法律规定的特定情形下才能实施。如只有在国家出现紧急状态或者非常情况时，或者为了公共利益的目的，国务院专利行政部门才可以给予实施专利的强制许可。医药领域经常涉及公共健康问题，如 2019 年暴发的全球新冠疫情等，当出现公共健康危机时，强制许可机制就可能被启动。因此，强制许可机制是医药专利领域的重要内容。

（一）专利强制许可授权的法定情形

专利权是一项民事财产权，是权利人拥有的专利法定独占实施权，任何人未经权利人许可，都不得实施专利权。而强制许可是不经专利权人同意，由国家专利行政主管机构授权他人实施其专利权的一种法律机制，是对专利权的一种法定限制，只有在法律规定的特定情形下才能申请专利的强制性许可。

按照《专利法》的规定，可以在以下五种情形下授权专利强制许可。

1. 国家出现紧急状态或者非常情况

在国家出现紧急状态或者非常情况时，国务院专利行政部门可以不经权利人同意，授权强制许可实施专利技术方案。国家是否进入紧急状态，要依法确定。按照《中华人民共和国宪法》（以下简称《宪法》）第 67 条第 21 款及第 89 条第 16 款的规定，全国人民代表大会常务委员会决定全国或者个别省、自治区、直辖市进入紧急状态。国务院依照法律规定决定省、自治区、直辖市范围内的部分地区进入紧急状态。

2. 为公共利益目的

为了公共利益目的，国务院专利行政部门也可以不经权利人同意授权强制许可。公共利益是法学领域中的一个重要概念，《宪法》和《民法典》中均有明确规定，为了公共利益的需要，国家可以对公民的私有财产、集体所有的土地进行征收或征用，并给予补偿。强制许可是对专利这种无形财产权的一种征用，是为了公共利益目的进行的授权。

3. 专利权滥用

在两种情形下，专利权人的行为可能构成专利权滥用：一种是权利人未实施或者未充分实施专利；另一种是专利权人行使专利权的行为被依法认定为垄断行为。

强制许可最早规定在《巴黎公约》之中，也是各国实施强制许可的立法基础。《巴黎公约》承认专利应当在授予专利的国家境内得以实施，不能仅仅作为一项可以阻止实施并控制进口的独占权。❶ 因此，专利权获得授权后，专利权人负有实施专利的义务，以此促进技术的使用与传播。否则，专利权人的不实施行为可能被认定为构成专利权滥用。按照《专利法》的规定，如

---

❶　BODENHAUSEN G H C. Guide to the application of the Paris Convention for the protection of industrial property［M］. Geneva：United International Bureaux for the Protection of Intellectual Property（BIRPI），1967：70.

果自专利权被授予之日起满 3 年，或者从提出专利申请之日起满 4 年，以在后发生期间为准，专利权人无正当理由未实施或者未充分实施其专利的，国务院专利行政部门可以授权强制许可。

4. 实施改进专利

如果一项改进专利取得比在先专利具有显著经济意义的重大技术进步，但该改进专利的实施又有赖于在先专利的实施，国务院专利行政部门可以给予实施在先专利的强制许可。同时，在先专利也可以申请得到改进专利的强制许可。

5. 专利药品出口

《专利法》对药品出口作出了授权强制许可的特殊规定。《专利法》第 55 条规定，为了公共健康目的，对取得专利权的药品，国务院专利行政部门可以给予制造并将其出口到符合我国参加有关国际条约规定国家或者地区的强制许可。

（二）授权专利强制许可的一般要求

基于强制许可对专利财产权的限制，专利强制许可不仅需要在特定的法定情形下才能授权，实施强制许可还要符合法律规定的一般要求。

1. 申请前的专利实施请求

强制许可基于申请人的申请授权。但申请人在向国家专利行政主管机关申请强制许可授权时，应当先向专利权人提出以合理条件实施专利的请求。只有在合理期间内，没有获得专利权许可的情形下，才能提出强制许可申请。申请强制许可前的专利实施请求是申请人的必经程序，但如果是国家紧急状态、非常情况或者是为了公共利益目的，也可以不必事先与专利权人协商实施，直接申请专利强制许可。

2. 强制许可非独占且不可转让

授权得到的强制许可应当是非独占许可。非独占许可又称为普通许可，与独占许可相对，意为强制许可申请人无权独占使用该专利权，专利权人及其许可的其他当事人依然有权继续使用及许可该项专利权。此外，申请人获得强制许可授权后，无权将专利强制许可转让给他人实施。

3. 强制许可生产的产品主要供应国内市场

供应国内市场要求是指实施强制许可应当主要为了供应国内市场，所生产的产品一般不能出口。供应国内市场要求符合专利权的地域性原则，按照地域性原则，同一项技术在不同国家取得的专利权彼此独立。即在 A 国取得的强制许可授权不会在 B 国得到承认，如果 B 国在同一项技术上已经授予专利权，在 A 国强制许可生产的产品出口至 B 国，就会构成对 B 国专利权的侵权。因此，强制许可的实施应主要供应国内市场，不能出口至境外。

4. 支付专利权人合理的使用费

授权强制许可并不意味着申请人可以无偿使用专利权人的专利技术，而是必须向权利人支付合理的使用费。使用费的数额可以由双方协商，如果双方协商不成，由国务院专利行政部门进行裁决。

第二部分　医药专利法的
一般性规范

第四章

医药专利的申请与授权

　　法律对于医药专利的申请和授权有特殊的规定和要求，本章结合专利申请的基本环节，主要针对这些特殊要求予以阐释，具体内容包括可专利客体、专利申请的充分公开以及具体的专利授权条件等。需要说明的是，与西方医学技术相比，中药在专利申请与授权方面处于较为不利的地位。中药作为我国传统医学，有着悠久而独特的历史。中国医药的起源，在五千年前的新石器时代便已开始，例如传说的"伏羲氏制九针""神农氏尝百草"❶，都发生在新石器时代。但在专利授权领域却存在很多模糊性，导致中药难于获得专利授权。为加强对我国中医药的正当保护，国家进一步明确了对中医药的审查标准。本章也会对中药的具体规定加以特别介绍。

第一节　医药领域可专利客体及其限制

　　可专利客体是指可以申请获得专利保护的对象。一般而言，

---

❶　任应秋. 中医学发展史概述　在北京中医学院为日本举办的中药讲习班的讲话［J］. 黑龙江中医药, 1982（1）：2－4, 45.

任何具备新颖性、创造性及实用性的发明，都可以成为可专利客体并获得专利授权。医药创新的成果大多通过专利的形式进行保护。❶ 专利权的授予不会因为技术领域的不同而差别对待，但有违公共利益或道德的发明会被排除在可专利客体之外。医药领域的发明因与公共利益及社会道德有密切联系，出于国家政策的考量，部分对象也可能成为非可专利客体。

一、遗传资源对可专利客体的影响

（一）遗传资源的药用价值与分类

《专利法》中所称遗传资源，是指取自人体、动物、植物或者微生物等含有遗传功能单位并具有实际或者潜在价值的材料。遗传资源是生物材料的一部分，含有有价值的遗传信息，以遗传资源为基础或利用遗传资源开发的发明具有可专利性，可以申请专利。但这种可专利性会受到发明人所利用遗传资源的一定影响，专利申请必须符合法定条件。

发明人通过对遗传材料进行研究，能够发现新的药用化合物或提取已知的有效成分，很多已知的抗癌药物和抗生素最初都是从自然界中的生物中提取得来的。随着基因技术的发展，在生物制药领域，科学技术的发展越来越多地依赖对遗传资源的利用。因此，遗传资源已经成为一个国家重要的战略性物质资源。❷ 许多药品中有效成分的发现来源于自然界中的遗传资源，包括人

---

❶ 郑希元，刘国伟．医药新技术与专利法［M］．北京：知识产权出版社，2022：90.

❷ 尹新天．中国专利法详解［M］．北京：知识产权出版社，2016：39.

体、植物、动物和微生物中的活性成分。因此，根据遗传资源来源，遗传资源可以分为人类遗传资源、植物遗传资源、动物遗传资源以及微生物遗传资源。我国在中草药领域，有着丰富且有价值的植物遗传资源，如菘蓝即板蓝根的干燥根、金银花等具有重大的药用价值。动物遗传资源同样具有重要价值，如孕马酮是一种由孕马尿中提取的雌激素混合物，可以制成雌激素类药物，就是从动物来源提取的活性成分。近年来，人类遗传资源的开发和利用不断发展。人类遗传资源是开展生物医药研究和创新的重要基础，是认知和掌握人群健康和疾病规律、推动疾病预防和控制策略开发的重要保障，也是公众健康和生命安全的战略性、公益性、基础性资源。❶同时，人类遗传资源的利用也涉及重要的伦理学问题。

（二）专利申请披露遗传资源的必要性

在掌握遗传资源相关技术的可专利性之前，我们首先需要厘清遗传资源与利用遗传资源申请知识产权之间的关系。自然界中的遗传资源不属于知识产权。它们不是人类思维的创造物，不能作为知识产权直接受到保护。❷ 因此，遗传资源自身不能作为可申请专利的客体，但直接或间接来自遗传资源的药品发明可以授予专利并用于商业营利。

有些被提取的遗传资源往往来自发展中国家，由于本国技术

---

❶　陈兴栋，刘振球，金力．表型组学时代下的人类遗传资源利用与管理的发展趋势［J］．中国科学，2024（6）：1002.

❷　WIPO. Intellectual Property and Genetic Resources，Traditional Knowledge and Traditional Cultural Expressions 2020［EB/OL］．（2023－10－05）［2024－05－12］．https：//www.wipo.int/edocs/pubdocs/en/wipo_pub_933_2020.pdf.

水平的差异，如果不对遗传资源加以保护，就会导致这些国家遗传资源经济价值的流失，药品的产业化甚至可能使这些国家遗传资源面临灭失的危险。为此，有丰富遗传资源的国家要求保护本国遗传资源，发明人如将一国遗传资源商业化，该国作为遗传资源的来源国应有权分享收益。如果发明人在遗传资源所在国不知情的情况下，随意利用其遗传资源申请专利，也可能构成"生物剽窃行为"。为此，一些国家的专利法对基于遗传资源的专利申请进行了一定的限制，要求对遗传资源的相关信息予以披露。如果不符合国家对遗传资源的法律保护要求，在特定情形下，利用遗传资源开发的发明不能获得专利授权。

我国非常重视对于遗传资源的保护。2021 年 4 月 15 日，《中华人民共和国生物安全法》（以下简称《生物安全法》）开始施行。《生物安全法》的适用范围包括了对人类遗传资源和生物资源的安全管理，该法明确规定："国家对我国人类遗传资源和生物资源享有主权。"此外，遗传资源的保护在国际层面也取得了较大的进步。1992 年，在联合国环境规划署倡导下，国际社会缔结了《生物多样性公约》（Convention on Biological Diversity, CBD）。在这项公约中，明确认可了"决定遗传资源获取的权力属于各国政府，并受国家立法的制约"。❶ 按照《生物多样性公约》的规定，获取遗传资源，应当事先征得提供遗传资源缔约国的知情同意。2024 年 5 月，世界知识产权组织（WIPO）在瑞士日内瓦通过了《产权组织知识产权、遗传资源和相关传统知识条约》（WIPO Treaty On Intellectual Property, Genetic Resources and

---

❶ Article 15 of Convention on Biological Diversity.

Associated Traditional Knowledge)，对利用遗传资源发明专利制度的披露要求进行了统一规范，该条约将在得到 15 个缔约方批准后生效。

（三）披露遗传资源要求的具体体现

1. 国内立法的披露要求

我国作为遗传资源丰富的国家，在《专利法》及《专利法实施细则》中对利用遗传资源申请专利的披露要求进行了明确规定。

《专利法》第 5 条

对违反法律、社会公德或者妨害公共利益的发明创造，不授予专利权。

对违反法律、行政法规的规定获取或者利用遗传资源，并依赖该遗传资源完成的发明创造，不授予专利权。

《专利法》第 26 条对遗传资源的披露要求也进行了规定，按照第 26 条第 5 款的规定：对于"依赖遗传资源完成的发明创造，申请人应当在专利申请文件中说明该遗传资源的直接来源和原始来源；申请人无法说明原始来源的，应当陈述理由"。《专利法实施细则》对《专利法》中规定的"遗传资源""依赖遗传资源完成的发明创造"等用语进行了详细的解释。根据《专利法实施细则》第 29 条的界定：《专利法》中所称的"遗传资源"，主要是指取自人体、动物、植物或者微生物等含有遗传功能单位并具有实际或者潜在价值的材料和利用此类材料产生的遗传信息。《专利法》中所称"依赖遗传资源完成的发明创造"，是指利用了遗传资源的遗传功能完成的发明创造。对于依赖遗传资源完成的发明创造，专利申请人要在专利申请文件中说明该遗传资源的直接来源和原始来源。如果申请人无法说明原始来源，则要说明具体原因。可见，在我国，对依赖遗传资源完成的发明创造明确要求了信息披露义务。对于违法获取或利用遗传资源，并依赖遗传资源完成的发明创造，不授予专利权。

　　其他一些国家或地区也规定了相应的遗传资源信息披露要求，但具体规定略有差异，如表5所示。

表5　其他国家或地区遗传资源披露相关法条参考❶

国家或地区	法律法规	披露要求
欧盟	欧洲议会和欧洲委员会关于生物技术发明法律保护的第98/44/EC号指令	序言第27段 如果一项发明基于植物或动物来源的生物材料，或者使用了此类材料，则专利申请应在适当情况下包含该材料的已知地理来源信息
法国	关于恢复生物多样性、自然和乡村的第2016－1087号法令（2016年）	第412－18条 遗传资源及相关传统知识的使用者应在下列情况下，向本段（a）项所述的主管机关提供2014年4月16日欧盟条例第511/2014号第4条要求的信息……（b）……如果专利申请源自遗传资源的使用及与这些遗传资源相关的传统知识，申请人应主动向国家工业产权研究所提供（a）项所述的信息

---

　　❶　该表格选取并来源于世界知识产权组织根据 WIPO 全球数据库和相关法律文本梳理的表格，法律文本最后更新于 2024 年 1 月 10 日。文件名称："Disclosure Requirements Table related to genetic resources and/or traditional knowledge"，网址为：https：//www.wipo.int/export/sites/www/tk/en/docs/genetic_resources_disclosure.pdf。

续表

国家或地区	法律法规	披露要求
德国	专利法（2021 年）	第34a 条 （1）凡基于植物或动物来源的生物材料或使用此类材料的发明，如果申请中使用了此种材料，应在申请中说明材料的已知地理来源
印度	专利法（2005 年）	第 10（4）（ii）（D）条 （ii）如果申请人在说明书中提及的生物材料无法以满足（a）款和（b）款的方式进行描述，并且该材料不对公众开放，则应通过以下方式完成申请，即将材料存放至布达佩斯条约下的国际存储机构，并满足以下条件，具体包括：……（D）在说明书中披露生物材料的来源和地理起源，当该材料被用于发明时
埃及	关于保护知识产权的第 82 号法律（2002 年）	第 13 条 如果发明涉及生物、植物、动物产品，或传统医药、农业、工业或手工艺知识、文化或环境遗产，发明者应以合法方式获取这些资源； 第 14 条 专利局可根据规定要求申请人作出其认为必要的任何修改或补充，以符合第 13 条之规定。如果申请人在接到通知后 3 个月内未能遵守规定，则视为其已撤回申请。申请人可以在 30 天内按照规定向第 36 条规定的委员会对专利局的要求提出上诉
意大利	工业产权法（2023 年）	第 170 条之二：关于生物技术发明的职责…… 2. 发明所基于的动物或植物来源的生物材料的出处应在专利申请中声明，包括其来源国，以验证是否遵守进出口法律，并说明其分离出的生物体

2.《产权组织知识产权、遗传资源和相关传统知识条约》的披露要求

2024 年 5 月 24 日，世界知识产权组织的成员国批准了《产权组织知识产权、遗传资源和相关传统知识条约》。该条约是世界知识产权组织第一个处理有关知识产权与遗传资源、传统知识的国际条约，该条约生效后，将在国际法中为基于遗传资源的发明专利申请人确立新的披露要求。❶

该条约在第 3 条中明确规定了关于遗传资源的信息披露要求，如果专利申请中要求保护的发明以遗传资源为基础，则每一缔约方均应要求申请人公开遗传资源的原产国或遗传资源来源。如果专利申请中要求保护的发明基于与遗传资源相关的传统知识，则每一缔约方均应要求申请人披露提供传统知识的土著人民或当地群体。❷ 同时，该条约要求缔约方采取适当、有效的措施和相应的法律法规处理没有按照第 3 条提供信息的情形。

二、中药发明的可专利客体

2023 年 12 月 21 日，国家知识产权局公布修改后的《专利审查指南 2023》，其在第二部分"实质审查"中新增第 11 章"关于中药领域发明专利申请审查的若干规定"，单独就中药发明专利保护的客体、说明书和权利要求书、新颖性、创造性和实

---

❶ The New WIPO Treaty on Intellectual Property, Genetic Resources and Associated Traditional Knowledge: PCT Implications [EB/OL]. [2024 - 07 - 29]. http://www.wipo.int/edocs/pctndocs/en/2024/pot_news_2024_6.pdf.

❷ WIPO. WIPO Member States Adopt Historic New Treaty on Intellectual Property, Genetic Resources and Associated Traditional Knowledge [EB/OL]. (2024 - 05 - 24) [2024 - 07 - 29]. https://www.wipo.int/pressroom/en/articles/2024/article_0007.html.

用性等审查标准作出细化、明确的规定。❶ 这些根据中药特点进行的特别规定，将促进我国中药技术的研发与保护。

中药发明专利可以分为产品中药发明专利和方法中药发明专利两种具体类型。《专利审查指南 2023》增加了"关于中药发明专利保护的客体"的内容，鉴于中药发明的特殊性，我国这次修改采用了列举的方法，明确阐明可以授予专利的保护客体和不能获得专利授权的具体情形。

（一）可授予专利权的中药发明

可授权中药发明主要体现在《专利审查指南 2023》的第二部分第 11 章第 2.1 节。该节列举了五种产品中药发明和四种方法中药发明。

可以授予专利保护的五种产品中药发明包括：①经过产地加工得到的中药材；②经过炮制加工得到的中药饮片；③中药组合物，也称中药组方或者中药复方；④中药提取物；⑤中药制剂。

可以授予专利保护的四种方法中药发明包括：①中药材的栽培或者产地加工方法；②中药饮片的炮制方法；③中药组合物、中药提取物、中药制剂等产品的制备方法或者检测方法；④中药产品的制药用途。

可授权中药发明中提及了"产地加工"和"炮制加工"等中医药术语。"产地加工"是指在药材的产地对药材进行加工的行为。我国历代中医均强调产地加工对中药材药效的重要性，如

---

❶　国家知识产权局 .《专利审查指南》（2023）修改解读（五）：中药领域发明专利申请审查［EB/OL］.（2024 - 01 - 18）［2024 - 5 - 24］. https：//www. cnipa. gov. cn/art/2024/1/18/art_2199_189876. html.

孙思邈的《千金翼方》中提到:"夫药采取不知时节,不以阴干曝干,虽有药名,终无药实。"❶为此,产地加工的重要性在专利授权领域也得到了相应的重视。"炮制加工"是指根据临床用药等具体需要对药材进行进一步处理的行为,炮制加工的制成品是中药饮片,其与产地加工是两个不同的环节。在中药学领域,对这两个环节称谓的理解也存在一定差异,如有的观点认为"中药材炮制应分为产地加工和炮制加工两个阶段"❷,将产地加工和炮制加工均称为"药材炮制";而有的观点则认为"产地加工"根据目标物不同可分为"中药材产地加工"和"中药饮片产地加工"❸,将炮制加工纳入产地加工范畴。但不管如何称谓,普遍认为产地加工与炮制加工是独立且密切联系的两个环节。通过《专利审查指南2023》的规定可以看出,在对中医药专利审查领域,明确对两个阶段进行了区分,尤其是明确了产地加工中药材及中药材产地加工方法的可专利性。

(二)不可授予专利权的中药发明

不可授权的中药发明主要体现在《专利审查指南2023》的第二部分第11章第2.2节。该节列举了六种不可授予中药发明专利权的具体情形,分别是:①利用禁止入药的毒性中药材完成的发明;②人们从自然界找到以天然形态存在的物质;③中医药

---

❶ 吴斌,高敏洁,邹任贤. 中药材产地加工概述及监管建议 [J]. 中药材,2023(10):2377.

❷ 靳光乾,王琦,王凤忠,等. 中药材炮制应与产地加工结合起来 [J]. 中国中药杂志,1998(8):473.

❸ 吴斌,高敏洁,邹任贤. 中药材产地加工概述及监管建议 [J]. 中药材,2023(10):2377.

理论；④中医药记忆方法；⑤中医的诊断方法；⑥中医的治疗方法。

在这六种情形中，对第①种"利用禁止入药的毒性中药材完成的发明"不授予专利权，是由于这种发明创造会危害公众健康，妨害公共利益，不符合我国《专利法》第 5 条第 1 款的规定，即"对违反法律、社会公德或者妨害公共利益的发明创造，不授予专利权"，因而不能被授予专利权。第②种和第③种的"从自然界找到以天然形态存在的物质"和"中医药理论"并不是利用人类智慧完成的发明创造，本质上是对已有物质或科学规律的发现，不属于可授予专利权的客体范畴。第④种的"中医药记忆方法"则属于另一种不属于可专利客体的类型，即智力活动的规则和方法。第⑤种和第⑥种则因属于《专利法》明确规定的"疾病的诊断方法和治疗方法"范畴，也不能被授予专利权。

三、疾病诊断和治疗方法的不可专利性

疾病的诊断和治疗方法是指以有生命的人体或者动物体为直接实施对象，进行识别、确定或消除病因或病灶的过程。其中诊断方法是指为识别、研究和确定有生命的人体或动物体病因或病灶状态的过程；治疗方法是指为使有生命的人体或者动物体恢复或获得健康或减少痛苦，进行阻断、缓解或者消除病因或病灶的过程。治疗方法包括以治疗为目的或者具有治疗性质的各种方法，预防疾病或免疫的方法视为治疗方法。❶

---

❶　国家知识产权局. 专利审查指南 2023〔M〕. 北京：知识产权出版社，2024：139－140.

发明专利既包括产品专利，也包括方法专利，但各国专利法中一般不对疾病的诊断方法和治疗方法授予专利权。这种排除主要是基于对公共利益的考量，其目的是确保医疗和外科实践的自由，使医生和医疗工作者能够不受限制地使用最佳的可用技术来诊断和治疗患者。对这一客体的排除在国际条约中也得到了确认，TRIPS 第 27 条对"可授予专利的客体"进行了规定，该条第 3（a）款规定对于"人类或动物的诊断、治疗和外科手术方法"，各成员可拒绝授予专利权。《专利法》第 25 条第 3 款也作出基本相同的规定，对于疾病的诊断和治疗方法，不授予专利权。出于人道主义的考虑和社会伦理的原因，医生在诊断和治疗过程中应当有选择各种方法和条件的自由。❶

（一）诊断方法

一项与疾病诊断有关的方法如果同时满足以下两个条件，则属于《专利法》中界定的疾病的诊断方法，不能被授予专利权：①以有生命的人体或动物体为对象；②以获得疾病诊断结果或健康状况为直接目的。如果一项发明从表述形式上看以离体样品为对象，但该发明是以获得同一主体疾病诊断结果或健康状况为直接目的，仍然不能被授予专利权。❷ 血压测量法、诊脉法、足诊法、X 光诊断法、超声诊断法等，都是不能授予专利权的例子。

但以下两类方法不属于诊断方法：①在已经死亡的人体或动物体上实施病理解剖方法；②直接目的不是获得诊断结果或健康

---

❶ 国家知识产权局. 专利审查指南（2010）［M］. 北京：知识产权出版社，2010：124.

❷ 国家知识产权局. 专利审查指南2023［M］. 北京：知识产权出版社，2024：139.

状况，而只是从活的人体或动物体获取作为中间结果信息的方法，或只是对已经脱离人体或动物体的组织、体液或排泄物进行处理或检测以获取作为中间结果的信息的方法，或处理该信息的方法。当然，只有当根据现有技术中的医学知识和该专利申请公开的内容，从所获得的信息本身不能够直接得出疾病的诊断结果或健康状况时，这些信息才能被认为是中间结果。❶

（二）治疗方法

治疗方法包括以治疗为目的或者具有治疗性质的各种方法。对于既可能包含治疗目的，又可能包含非治疗目的的方法，除非能够明确说明该方法用于非治疗目的，否则不能授予专利权。虽然使用药物治疗疾病的方法不能被授予专利权，但药物本身可以被授予专利权。❷外科手术治疗方法、以治疗为目的的针灸、麻醉、避孕、人工呼吸等方法，都属于不能被授予专利权的治疗方法。不属于治疗方法的情形如制造假肢或假体的方法、单纯的美容方法等。

外科手术方法分为以治疗为目的和非治疗为目的的外科手术方法，以治疗为目的的外科手术方法，属于治疗方法，不授予专利权。❸非治疗为目的的外科手术方法，由于是以有生命的人或动物为实施对象，无法在产业上使用，不具备实用性，❹也不能被授予专利权。

虽然诊断方法和治疗方法本身不能获得专利保护，但与这些方法相关的新医疗设备或药物组合等可以获得专利。专利法的这

---

❶❷　国家知识产权局．专利审查指南 2023［M］．北京：知识产权出版社，2024：140.

❸　国家知识产权局．专利审查指南 2023［M］．北京：知识产权出版社，2024：142.

❹　国家知识产权局．专利审查指南 2023［M］．北京：知识产权出版社，2024：202.

种设计是为了平衡创新激励与公共健康需求，在促进新技术开发的同时，确保基本医疗技术的广泛可应用性。

第二节 医药专利申请的充分公开

一、充分公开的价值与要求

申请专利要提交必要的文件，主要包括请求书、说明书及其摘要和权利要求书等。说明书要对发明作出清楚、完整的说明。权利要求书则以说明书为依据，清楚、简要地限定要求专利保护的范围，是专利是否侵权的判定依据。《专利法》规定关于提交说明书及权利要求书的要求，也是为了将申请专利的技术进行充分公开。

（一）充分公开的价值

专利申请需要将技术方案充分公开，这是发明申请获得专利法律保护的前提条件。发明人充分公开技术方案是专利法的基础，对于专利法目标的实现具有重要作用。首先，法律可依据所公开技术方案以及权利要求书中的权利要求提供排他保护，禁止任何人未经权利人同意实施其已经公开的技术。其次，在申请文件正式公布后，社会公众可以了解技术发展的现状，避免对同样的技术投入重复的研发努力。最后，发明的充分公开，可以使公众在专利独占期间届满后，有效实施进入公有领域的技术，进而推动社会技术进步。《专利法》第26条第3款规定了对充分公开的要求，发明人在说明书中要写明发明解决的技术问题以及采用的技术方案，公开的标准是所属技术领域的技术人员能够实现。

《专利法》第 26 条

申请发明或者实用新型专利的，应当提交请求书、说明书及其摘要和权利要求书等文件。

请求书应当写明发明或者实用新型的名称，发明人的姓名，申请人姓名或者名称、地址，以及其他事项。

说明书应当对发明或者实用新型作出清楚、完整的说明，以所属技术领域的技术人员能够实现为准；必要的时候，应当有附图。摘要应当简要说明发明或者实用新型的技术要点。

（二）医药发明充分公开的具体要求

医药发明同样要依据《专利法》对发明进行清晰的说明。《专利审查指南 2023》规定，对于新的药物化合物或者药物组合物，应当记载其具体医药用途或者药理作用，同时还应当记载其有效量及使用方法。如果本领域技术人员无法根据现有技术预测发明能够实现所述医药用途、药理作用，则应当记载对于本领域技术人员来说，足以证明发明的技术方案可以解决预期要解决的技术问题或者达到预期的技术效果的实验室试验（包括动物试验）或者临床试验的定性或者定量数据。说明书对有效量和使用方法或者制剂方法等应当记载至所属技术领域的技术人员能够实施的程度。对于表示发明效果的性能数据，如果现有技术中存在导致不同结果的多种测定方法，应当说明其测定方法，若为特殊方法，应当详细加以说明，使所属技术领域的技术人员能实施该方法。

在中药发明领域，专利申请的充分公开要求的适用存在一定的困难。例如中药材的名称通常存在正异名等多种表达形式，对于中药组合物发明，中药原料的用量配比关系是决定组合物组方结构和作用的重要因素，中药领域评价临床疗效的实验数据比较复杂等，这些也是影响说明书充分公开的关键因素。❶ 为此，《专利审查指南 2023》第二部分第 11 章第 3 节对中药发明的充分公开要求进行了特别的阐明。对于涉及中药材的发明，要求说明书中记载中药材正名。中药材名称的记载，应使本领域的技术人员能够确认该中药材，才能满足充分公开的要求。如果说明书中的中药材名称在现有技术中没有明确记载，则应当在说明书中写明足以使本领域技术人员能够确认该中药材的相关信息；如果说明书记载的中药材别名对应多种正名，应结合说明书和现有技术中有关中药材的植物基原、拉丁名、药用部位、性味归经和功效等信息，综合判断该别名是否指代明确，如果指代不明确导致本领域的技术人员无法确认，也会被认定为说明书公开不充分。

二、医药发明充分公开的具体认定

（一）充分公开的判断主体

医药发明说明书中对发明进行的说明是否满足充分公开要求，判断主体不是一般的普通社会公众，也不是法律专业人员，而是医药领域的技术人员。这是《专利法》中的明确要求，即

---

❶ 国家知识产权局.《专利审查指南》（2023）修改解读（五）：中药领域发明专利申请审查 [EB/OL]. （2024 - 01 - 18）[2024 - 05 - 24]. https：//www.cnipa. gov. cn/art/2024/1/18/art_2199_189876. html.

以所属技术领域的技术人员能够实现为准，就是指医药领域技术人员按照说明书记载的内容，能够实现技术方案并产生预期的效果。

（二）不符合充分公开的法律情形

充分公开要实现的目的是本领域技术人员能够实施这一技术，如果不能实现这一目标，就无法满足充分公开的要求。法律除明确规定，发明申请要满足充分公开的要求外，还从消极方面规定了不符合充分公开要求的三种法律情形，分别是：①权利要求限定的技术方案不能实施的；②实施权利要求限定的技术方案不能解决发明或者实用新型所要解决的技术问题的；③确认权利要求限定的技术方案能够解决发明或者实用新型所要解决的技术问题，需要付出过度劳动的。❶

（三）充分公开与捐献原则

发明人在满足充分公开要求的同时，也要注意将需要法律保护的技术特征写入权利要求书之中。如果一项技术方案在说明书中进行了充分公开，但没有写入权利要求之中，就不能获得专利法的保护，而是视同为捐献给公有领域。按照捐献原则，对于仅在说明书或者附图中描述而在权利要求中未记载的技术方案，权利人在侵犯专利权纠纷案件中将其纳入专利权保护范围的，人民法院不予支持。❷ 换言之，如果某项技术方案没有被记载入权利

---

❶　参见《最高人民法院关于审理专利授权确权行政案件适用法律若干问题的规定（一）》（2020 年 9 月 12 日施行）第 6 条。

❷　参见《最高人民法院关于审理侵犯专利权纠纷案件应用法律若干问题的解释》（2020 年 12 月 23 日修正）第 5 条。

要求书，尽管在说明书中进行了阐述，日后发生他人未经权利人同意使用该技术方案的情形时，权利人不能主张该项技术方案属于专利权的保护范围。

第三节　医药发明专利授权条件的发展与适用

与其他专利申请一样，医药领域的发明专利也要满足新颖性、创造性和实用性的基本授权条件。近年来，知识产权领域有关专利授权条件的新发展，均与医药专利申请有关，因此，本节专门对医药领域专利授权条件的发展与适用加以阐述。

一、医药用途发明专利授权条件的认定与发展

（一）医药用途发明

医药用途发明是指在物质或组合物原有性能基础上，开发了该物质或组合物新性能的发明。医药用途发明在专利法中涉及的法律问题较为复杂，我们可以从以下两个基本点着手进行掌握。第一，医药用途发明是依赖于某种物质或组合物而存在的发明。没有这种物质或组合物，也就不存在所谓的医药用途发明。第二，医药用途发明是一种方法专利。虽然医药用途发明依赖于某种物质或组合物，但其可专利性实质是发明了新的应用方法，因此，属于方法发明专利的范畴。在这个知识点的基础上，我们可以较为容易地理解以下法律问题。

1. 医药用途发明的分类

医药用途发明可以分为"第一医药用途发明"（first medical

use patent）和"第二医药用途发明"（second medical use patent）两种类型。

我国有学者对两种医药用途发明作出这样的区分和界定：在专利领域，将过去从未被用于治疗疾病的某种已知物质或组合物，用于治疗某种疾病的发明称为第一医药用途发明，将过去已经用于治疗某种疾病的某种物质或组合物用于治疗另一种疾病的发明，称为第二医药用途发明。❶ 此种界定的准确性在于，明确以是否能够治疗另一种疾病为标准，对第一医药用途发明和第二医药用途发明进行了区分。但该定义对两类医药用途发明的界定均建立在"已知物质"之上，缺少了对一种特定情形的纳入，即利用"新物质"治疗疾病的情形。此种情形的纳入，会更有利于对医药用途发明新颖性的理解。

医药用途发明依赖于某种物质或组合物。根据该种物质或组合物特定属性，结合医药用途，可以产生三种特定情形：①所依赖的某种"物质或组合物"之前并不存在，发明了新的"物质或组合物"，并可以用于新的医疗用途；②所依赖的是之前已知的"物质或组合物"，但该"物质或组合物"之前并未用于医药用途，首次开发了在医药领域的应用；③所依赖的是之前已知的"物质或组合物"，该"物质或组合物"之前已经具有某种医药用途，但在该医药用途之外，又开发了可以治疗其他疾病的新的医药用途。其中，第①种和第②种的情形属于"第一医药用途发明"，第③种的情形属于"第二医药用途发明"。如果依赖的是新物质，则新物质之上的医药用途一定是第一医药用途发明；如

---

❶　尹新天. 中国专利法详解［M］. 北京：知识产权出版社，2016：250.

果医药用途发明依赖的物质是"已知物质",则要看该物质是否已被用于医药用途。该物质虽然是已知物质,但之前并未用于医药领域,而是首次用于医药领域,则该发明依然属于第一医药用途发明,例如一种全新化合物被发明用来治疗肺癌。如果该物质是已知物质,且已被用于医药领域,则治疗其他疾病的新用途发明为第二医药用途发明。典型的第二医药用途发明是阿司匹林,阿司匹林最初由拜耳公司在 1897 年开发作为一种止痛和退烧药物,后来被发现是一种有效的心血管药物,可以用来降低心脏病发作或某些类型的中风。

2. 医药用途发明的可专利性

各国专利法一般将"人类或动物的诊断、治疗和外科手术方法"排除在专利授权客体之外,以保持与 TRIPS 第 27 条第 3 (a) 款❶规定的一致性。医药用途发明是对物质或组合物的医药用途申请的发明,是一种方法专利。此时则存在医药用途发明是否会因专利法排除"治疗方法",而不具有可专利性的问题。

广义的医药用途发明的确是一种治疗方法,但各国专利法均承认医药用途发明的可专利性,允许对该类发明授予专利权。专利法排除的"治疗方法"一般指直接的治疗方法,如手术技术、诊疗程序或具体的药物治疗方案等,关注的重点是具体的治疗步骤和程序。医药用途发明是利用特定的物质或组合物达到治疗效

---

❶ 参见 TRIPS 第 27 条规定:"可授予专利的客体:……3. 各成员可拒绝对下列内容授予专利权:(a) 人类或动物的诊断、治疗和外科手术方法;(b) 除微生物外的植物和动物,以及除非生物和微生物外的生产植物和动物的主要生物方法。但是,各成员应规定通过专利或一种有效的特殊制度或通过这两者的组合来保护植物品种。本项的规定应在《WTO 协定》生效之日起 4 年后进行审议。"

果，强调的是药物使用的创新性，符合专利激励创新的宗旨。《专利法审查指南 2023》第二部分第 10 章第 4.5.2 节"物质的医药用途权利要求"部分，对这一问题也进行了阐释，因为药品和药品的制备方法具有可专利性，物质的医药用途发明可以制药方法的用途权利要求申请专利，所以不会被认为属于治疗方法，❶ 具有可专利性。

（二）第一医药用途发明的新颖性认定

尽管医药用途发明具有可专利性，若要得到授权还需满足专利授权条件，首先需要满足的专利授权条件就是"新颖性"。

第一医药用途发明的新颖性较为容易得到认定。在构成第一医药用途发明的两种特定情形中，新颖性均可以得到满足。第一种情形是使用的物质或组合物具有新颖性，例如用于医药用途的物质是之前从未在文献或技术中被识别或描述过的化学化合物，或者是在成分组合、创新配方等方面具有新颖性，被认定为新的组合物。由于所依赖的物质或组合物具有新颖性，该物质或组合物的医药用途必然也具有新颖性。第二种情形是使用已知物质或组合物，但该已知物质之前从未被用于治疗疾病的医药用途，该医药用途则具有新颖性。新颖性基于这样一个事实，即该发明在专利申请日之前是完全未知的。因此，只要能证明该物质或组合物从未被用于任何形式的医疗，它的医药用途就可以满足新颖性要求。

（三）第二医药用途发明的新颖性认定

相对于第一医药用途发明，对于已知产品第二医药用途发明

---

❶ 国家知识产权局. 专利审查指南 2023［M］. 北京：知识产权出版社，2024：313.

的新颖性认定，各国立法态度存在一定的差异，一些国家甚至严格限制第二医药用途发明的专利授权。第二医药用途发明是将某种已知物质或组合物用于治疗新的疾病，如果按照物质和组合物标准，"已知"物质显然不具有新颖性。如果按照用于治疗其他疾病的新用途标准，由于第一医药用途与第二医药用途均处于医疗领域，新颖性认定也有一定困难。在专利审查中，如果专利申请的第二医药用途可以根据现有知识或技术被预见到，那么这种用途可能不满足新颖性的要求。例如一种消炎药被发现对另一种炎症性疾病也有效，由于两种疾病在生理机制上的相似性，很难被认为具有新颖性。仅改变一些给药特征，如用药的次数、剂量等，将同一种药品用于治疗其他疾病，该类发明在新颖性认定方面也存在较大分歧。

1. 限制专利授权的国家与其理由

主张严格限制第二医药用途发明专利授权的国家主要是发展中国家，包括印度、巴西、阿根廷、菲律宾、越南、孟加拉国、缅甸等国家。这些国家认为第二医药用途发明的技术难度小、价值较低，主张严格限制专利授权。此外，第二医药用途发明专利申请通常在第一医药用途专利申请之后提交，专利权自申请日起持续 20 年，如果授予第二医药用途发明专利，可能会延长市场独占期，进而限制竞争。❶ 基于新颖性要求的难度，第二医药用途发明在这些国家很难获得专利授权。

2. 第二医药用途发明在欧洲的认定与发展

在欧洲早期，依据 1973 年《欧洲专利公约》（European Patent

---

❶ SAMPAT B N, SHADLEN K C. Secondary pharmaceutical patenting: a global perspective [J]. Research Policy, 2017, 46: 694.

Convention，EPC）的规定，第二医药用途发明同样会因为不具有新颖性而不被授予专利权。

但为了能够使获得第二医药用途发明的申请人得到专利授权，一些欧洲国家开始尝试对第二医药用途发明授予专利权。为了使这种新用途专利申请符合专利审查的要求，瑞士专利局曾在20世纪80年代提出了一种特定的权利要求撰写方式。第二医药用途发明只要写明是"X物质在制造治疗Y疾病药物的应用"，即表明其与药品制备方法的关系，可以获得专利授权。这种药品第二医药用途专利申请撰写方式，在瑞士联邦法院判例中首次得到允许，因此也被称为瑞士型权利要求撰写方式。欧洲专利局（EPO）扩大上诉委员会（EBA）在1984年第G 05/83号决定——第二医疗适应证（EBA Decision No. G 05/83 of 5 December 1984 - Second Medical Indication）中认可了瑞士型权利要求撰写方式，允许对第二医药用途发明进行专利授权。❶ 此后，大量以瑞士型权利要求撰写方式提交的第二医药用途发明，开始在欧洲专利局得到专利授权。

进入21世纪后，欧盟对《欧洲专利公约》进行改革。2000年修改后的《欧洲专利公约》增加了对第二医药用途发明的明确规定。该公约认可了首次药用已知化合物的新颖性，也确认了作为治疗方法药品第二医药用途得到专利授权的可能性，这些规定主要体现在该公约第54条第（4）款和第（5）款。为了与瑞士型权利要求相区别，按照2000年《欧洲专利公约》第54条第

---

❶ CUONZO G, AMPOLLINI D. Generic medicines and second medical use patents：litigation or regulation? An overview of recent European case law and practice ［J］. IIC, 2018，49：897.

（5）款授予第二医药用途专利的权利要求被称为 EPC 2000 权利要求。EPC 2000 权利要求采用相对更为简单的撰写要求，写明"用于治疗 Y 病症的 X 物质"即可，是一种"用途限定的产品权利要求"（purpose – bound product claim）。❶ 从权利要求的撰写措词可以看出，EPC 2000 权利要求与瑞士型权利要求不同，瑞士型权利要求的撰写方式"X 物质在制造治疗 Y 疾病药物的应用"表明，其对第二医药用途发明采纳的是方法专利撰写方式，而EPC 2000 权利要求采纳的是产品专利的撰写方式。

（四）我国第二医药用途发明专利授权实践

《专利法》并未对第二医药用途发明的专利授权给予特别规定，但在专利授权实践中，参考瑞士型权利要求，对符合撰写要求的发明认可其新颖性。自 1993 年起，我国专利审查指南吸取国外相关经验，允许授予第二医药用途发明专利。在我国专利审查实践中，只要对于药品新用途专利的权利要求撰写符合规范要求，一般具备获得专利授权的条件，并认为与《专利法》第 25条第 1 款（3）项规定不相违背。

在新冠疫情暴发初期，我国曾因为药品的第二医药用途发明问题引发讨论。2020 年 2 月 4 日，中国科学院武汉病毒研究所官方发布，其与其他单位开展联合研究，在抑制新冠病毒药物筛选方面取得重要进展。同时声明，发明人在 2020 年 1 月 21 日对药物瑞德西韦新用途申请了中国发明专利。瑞德西韦是美国吉利德公司所拥有的专利药品，美国吉利德公司研发该药品的主要目的

---

❶ BERRISCH C. Second medical use claims and scope of protection: a work in progress since 1984 [J]. Stockholm Intellectual Property Law Review, 2019, 2 (1): 39.

是治疗非洲埃博拉病毒感染。由于瑞德西韦这一专利药品与治疗新冠病毒疗效的关系，中国科学院武汉病毒研究所的这一声明曾引发关于第二医药用途发明专利的讨论。按照我国专利审查实践，尽管瑞德西韦药品是专利药品，发明人发现该药物可以用于治疗新冠肺炎的新用途，该发明具有新颖性，可以就该新用途申请专利并获得授权。

二、药品专利"创造性"标准的新发展

创造性（有的国家称之为"非显而易见性"）是专利获得授权的重要条件之一。在我国，药品专利适用的创造性标准与TRIPS保持一致，基本没有特殊的变化。但在我国之外，药品专利创造性授权条件的适用却有了新发展，在某种程度上突破了原有的创造性标准。国外司法实践对药品专利授权条件的发展变化值得我们关注，不仅因为各国专利法之间的相互影响，而且因为这种变化解决的是其他各国也会同样面临的法律问题。

（一）药品"长青专利"的出现

按照专利法律规则的设计，一项发明专利在20年独占期届满后，就会进入公共领域，任何组织或个人均可以自由使用该项技术方案。一些医药企业为了延长药品专利的独占期间，往往通过对原有药品专利的修改重新申请专利，形成药品领域的"长青专利"（evergreening patent）。"长青专利"或者专利的长青化是指通过对专利技术方案进行改动，如已有药品的新配方、新晶型等，重新申请获得专利，以此事实延长药品专利生命周期的行为。新申请获得的专利并不改变已有药品的药效，且用来治疗相同的病症。

对于"长青专利",大多数国家在传统专利法框架之下予以规范。如果"长青专利"申请可以满足专利授权的三项基本条件,即新颖性、创造性和实用性,就可以得到授权。正如有些观点认为,专利申请机制本身蕴含着系统而有效的保障措施,发明无论是根本性的突破还是进步,要么是新颖的、有创造性的,要么不是。专利制度的本意并不是根据发明的类型提供不同的激励。❶ 换言之,只要这种"长青专利"符合现有专利授权条件,不能仅因为发生在药品领域就给予特殊对待,而应当与其他类型产品一样按照专利授权条件授权并予以保护。

(二)创造性标准的发展:印度"诺华案"

对"长青专利"授权条件作出法律突破的国家是印度,这一突破主要体现在印度对"诺华案"的最终判决之中。诺华在印度申请药物伊马替尼(商品名为格列卫)专利,该药是诺华用于治疗某些癌症(如急性淋巴细胞白血病等)的药物。印度对于该专利申请的审查,主要集中在对专利申请中权利要求非显而易见性的评估上,即对于本领域的技术人员来说,制造已知药物或其盐类的多晶型是否被认为是显而易见的。2013 年,印度最高法院对诺华案进行了终审判决,对于专利授权条件之一的"非显而易见性"(创造性)进行了进一步解释。法院就"非显而易见性"提出了超出传统的见解,认为只有当 β 多晶型伊马替尼与伊马替尼或其已知盐类相比,在药效特性上有显著差异

---

❶ BOSCHECK R. Intellectual Property Rights and the Evergreening of Pharmaceuticals [J/OL]. Intereconomics, 2015, 50: 224 [2023 - 05 - 28]. https: //doi. org/10. 1007/s10272 - 015 - 0546 - y.

时，才能授予专利，❶ 在对"非显而易见性"的解释中加入了有关"药效"差异的授权条件，其在判决中作出的表述如下：

关于药效，说明书本身指出，在使用 β 晶型的情况下，可以使用伊马替尼游离碱或其他盐类。专利说明书并没有说明 β 晶型比已知物质在药效上有任何改进，而是说只要使用 β 晶型，碱基同样可以用于治疗疾病或制备药剂。即使是代表申请人提交的宣誓书也没有证明 β 晶型的已知药效有任何显著提高。我们发现，该专利申请只要求一种已知物质的新形式，而没有对药效进行任何重大改进。因此，我的结论是，该申请的主题不具有可专利性……❷

通过印度最高法院对专利授权条件进行的进一步解释可以看出，其实际上提升了对"非显而易见性"的判断标准，如果药品专利的申请对于"已知药效"没有任何提高，则认为其不符合非显而易见性的标准。印度对非显而易见性授权标准的解释，使国外一些药品在印度很难再获得有效的"长青专利"。印度判决生效后，立即引发西方国际社会的诸多质疑。如诺华提出的质疑就是焦点问题之一，印度对"药效"的要求违背了 TRIPS 关于获得专利授权的三项基本要件：新颖性、创造性、实用性。其中的创造性或非显而易见性是有关专利申请与现有技术水平的对比要求，并没有关于"药效"的要求。但印度坚持，只有在与原药品专利相比，新专利申请在药效上具有显著差异时，才符合

---

❶ CORREA C M, HILTY R M. Access to medicines and vaccines：implementing flexibilities under intellectual property law［M］. Springer Nature Switzerland AG, 2022：155.

❷ CORREA C M, HILTY R M. Access to medicines and vaccines：implementing flexibilities under intellectual property law［M］. Springer Nature Switzerland AG, 2022：157.

创造性标准。印度对创造性标准的发展，体现了在医药领域公共健康维护与私权之间的博弈。虽然这一做法并未得到一致的认可，但药效标准在医药领域授权条件的适用已经引发全球广泛关注。

第五章

医药专利权的限制：强制许可

公共健康与专利权之间存在一定程度上的利益冲突，专利强制许可是平衡该利益冲突的法律机制。当需要在专利领域维护公共健康时，对专利权实施强制许可是一条不可避免的法律路径。但由于 TRIPS 对授权强制许可施加了诸多限制，强制许可在维护全球公共健康中发挥的作用较为有限。对现有 TRIPS 有关专利强制许可授权的法律要求进行修改，削弱专利权对维护公共健康造成的阻碍，始终是全球公共健康与专利权博弈的焦点问题。《专利法》中的强制许可规则来自国际条约，随着国际立法对强制许可规则的调整，也纳入了协调全球公共健康的特有规范，这些规范源自与国际规则的衔接。因此，正确理解《专利法》中的相关规定之前，应当对专利强制许可规则的国际背景和发展过程有所了解。

第一节　专利强制许可的国际法渊源

一、国际条约中的强制许可规范

（一）强制许可的第一项国际公约——《巴黎公约》

在《巴黎公约》之前，一些欧洲国家之间缔结的贸易、通商等双边协定中虽然出现了含有知识产权的条款，但并未涉及强制许可问题。在国际知识产权统一法领域首次规定强制许可的国际条约是《巴黎公约》，主要体现在公约的第 5 条 A 节第（2）~（5）款，依此初步形成了国际专利强制许可的规范体系。

强制许可在诞生之初，是为了维护专利权人的利益。当时各国国内法规定了专利必须在本国实施的硬性要求，所谓在本国"实施"，一般是指在本国利用专利技术生产专利产品的行为。很多外国专利权人因为没有在所属国以外国家制造专利产品，导致专利被无效。专利无效使专利权人遭受较大损失，于是各国协商寻求以一种更为宽缓的方式替代专利无效，这就是强制许可。当专利权人在权利授予国不实施专利时，该国可以授权他人实施，但不剥夺专利权人的排他权。可见，强制许可是在维护专利有效的前提下，对权利人不实施专利行为采取的一种补救措施。当时，强制许可实质是维护专利权人独占权的一种创新机制。按照《巴黎公约》第 5 条 A 节第（3）款的规定，如果授权强制许可依然无法阻止专利权滥用，缔约国才可以规定废除专利。但强制许可是否起到了阻止专利权滥用的作用，需要一定期间进行验证。因此，《巴黎公约》规定自授予第一个强制许可之日起的 2 年内，不得在该国提起撤销该专利的诉讼。

《巴黎公约》中也规定了权利人滥用权利的具体表现，例如自专利申请起满 4 年，或自授予专利之日起已届满 3 年不实施专利，就可以依法对其专利授权强制许可。这一规定目前依然有效，并体现在各国的专利法之中。《专利法》第 53 条中也作出了基本一致的规定。

《专利法》第53条

有下列情形之一的，国务院专利行政部门根据具备实施条件的单位或者个人的申请，可以给予实施发明专利或者实用新型专利的强制许可：

1. 专利权人自专利权被授予之日起满三年，且自提出专利申请之日起满四年，无正当理由未实施或者未充分实施其专利的；

2. 专利权人行使专利权的行为被依法认定为垄断行为，为消除或者减少该行为对竞争产生的不利影响的。

（二）TRIPS 关于强制许可授权的具体要求

专利强制许可是 TRIPS 中比较重要的内容，主要规定在 TRIPS 第 31 条"未经权利人授权的其他使用"。按照 TRIPS 第 2 条的规定，其成员必须遵守《巴黎公约》（1967 年文本）第 1～12 条及第 19 条的规定，《巴黎公约》第 5 条有关强制许可的规定在该范畴之内。因此，该公约中已有的条款在 TRIPS 中虽然没有再行列明，例如授予强制许可的期间条件等，但也是 TRIPS 成员必须遵守的规定。《巴黎公约》规定的强制许可主要是为了避免专利权人专有权的丧失，而 TRIPS 规定强制许可则是为了尽量限制成员对强制许可的授权，主要是关于各成员授权强制许可的限制性条件规定。因此，与《巴黎公约》相比，尽管 TRIPS 有关强制许可的内容扩充数倍，但基本为限制强制许可适用的程序性规定。TRIPS 更关注的是确保成员适用强制许可时遵循其规定的程序，而不是规定应当对哪些客体进行许可。[1] 这也是 TRIPS

---

[1]　OKEDIJI R L，BAGLEY M A. Patent law in global perspective［M］. Oxford：Oxford University Press，2014：497.

关于强制许可条款的名称为"未经专利权人授权的其他使用"，而未使用"强制许可"这一用语的原因。TRIPS 专利强制许可条款中所称的"使用"一词，其含义均为强制许可之意。TRIPS 关于药品专利强制许可的特殊规定，主要体现在其修改后增加的第31 条之二。

成员对强制许可授权应当满足 TRIPS 规定的限制性条件，否则不应授予强制许可，TRIPS 关于强制许可授权的具体要求主要包括以下五个方面。

1. 强制许可申请应个案酌处

按照 TRIPS 第31 条（a）项的规定，成员对于专利强制许可的审查应当一事一议。成员不能针对某一类专利或某一类产品授权强制许可，必须针对具体案件予以处理。换句话说，成员不能对客体全部授予一揽子强制许可。但只要遵守 TRIPS 有关强制许可的要求，各国可自由裁量对任何专利产品授权许可。❶

2. 与专利权人的事先谈判

按照 TRIPS 第31 条（b）项的规定，成员审查申请人提出的强制许可申请时，应当审查申请人在提出申请之前，是否已经就该专利的实施，依据合理的商业条款与专利权人进行了事先的谈判。如果申请人没有事先与专利权人商谈，则无权就该专利直接提出授权强制许可的申请。在特殊例外情形下，成员可以排除与专利权人的在先谈判要求。TRIPS 规定了三种例外情形，分别是"紧急状态、其他极端紧急情况或公共非商业性使用情况"。

❶ OKEDIJI R L, BAGLEY M A. Patent law in global perspective ［M］. Oxford：Oxford University Press，2014：497.

即出现上述三种情况时，成员可以豁免申请人与专利权人的在先谈判要求，直接申请授权强制许可。

3. 强制许可的范围与期间限制

TRIPS 对强制许可的期间与范围限制规定在第 31 条（c）项，其要求使用强制许可的范围和期间应仅限于被授权的目的。

4. 支付强制许可使用费

强制许可的性质是非独占许可，即普通许可。授权强制许可，申请人应当向专利权人支付合理的报酬。此外，按照 TRIPS 第 31 条（e）项规定，申请人所取得的专利强制许可不得转让，除非连同部分企业或商誉共同转让，这一规定与《巴黎公约》第 5 条 A 节中的规定相同。

5. 强制许可产品主要供应国内市场

按照 TRIPS 第 31 条（f）项规定，强制许可的授权应当主要为供应授予成员的国内市场。作为对专利权的特别使用方式，强制许可需要受专利的地域性限制，申请人取得的强制许可只能在授权成员地域范围内使用。依据该款义务，专利强制许可生产的药品不能出口，这对于药品的全球可及性产生一定障碍。因此，该条款的规定是在药品领域影响最大的条款，也是专利权与公共健康平衡机制重点调整的条款。

TRIPS 关于专利强制许可的具体要求在《专利法》中均有体现，可以结合专利法基础知识加以理解。

二、公共健康危机与强制许可出口限制的冲突

（一）国际立法对公共健康的维护与支持

强制许可允许政府在特定情况下，不经专利权人同意，授权

具备药品生产条件的第三方生产专利药品。按照 TRIPS 规定，实施强制许可，政府在维护社会公共健康的同时，也会为专利权人提供一定的费用补偿。尽管如此，公共健康危机与药品专利权之间依然存在一定的紧张关系，国际社会始终表达了在知识产权领域对维护公共健康的关注与支持。

TRIPS 中明确了对公共健康与知识产权的态度，支持采取保护公共健康必要的措施。在第 8 条"原则"中规定，"各成员在制定或修改法律法规时，可采取对保护公共健康和营养，促进对其社会经济和技术发展至关重要部门公共利益所必需的措施，只要此类措施与本协定的规定相一致"。第 8 条赋予成员以立法维护公共健康的权利，这一原则性规定对于具体规则和案例的解释也具有指导作用。这一点，在 21 世纪初世界贸易组织多哈回合关于公共健康与知识产权议题的讨论中，可以明显地表现出来。2001 年，在卡塔尔多哈的部长级会议上通过《多哈宣言》，要求世界贸易组织体系的目标应与公共健康利益保持一致。

除 TRIPS 及相关法律文件外，TRIPS 之后缔结的多边自由贸易协定重申了 TRIPS 第 8 条的精神，也表达了对公共健康及相关国际立法的尊重与支持。目前在国际层面具有影响力的多边自由贸易协定主要是《区域全面经济伙伴关系协定》（Regional Comprehensive Economic Partnership，RCEP）和《全面与进步跨太平洋伙伴关系协定》（Comprehensive and Progressive Agreement for Trans – Pacific Partnership，CPTPP）。2020 年 11 月，东南亚国家联盟（以下简称"东盟"）10 国和中国、日本、韩国、澳大利亚、新西兰共同签署了《区域全面经济伙伴关系协定》，2022 年正式生效。《区域全面经济伙伴关系协定》第 11 章就知识产权问题进行了规定，在该章第 8 条专门规定了对公共健康的立法态度。《区域全面经济伙伴关系协定》要求缔约方同意"不阻止且不应阻止一缔约方采取保护公共健康的措施；对《区域全面经济伙伴关系协定》知识产权的解释和执行可以且应支持每一缔约方保护公共健康的权利，特别是促进所有人获得药品；确认《多哈宣言》中正式认可的充分利用灵活性的权利"。2018 年，《全面与进步跨太平洋伙伴关系协定》正式生效，包括澳大利亚、加拿大、日本、墨西哥、新西兰、新加坡、智利、秘鲁、文莱、马来西亚和越南 11 个成员国。《全面与进步跨太平洋伙伴关系协定》的知识产权主要规定在第 18 章，在该章第 18.6 条规定了"关于特定公共健康措施的理解"，要求缔约方确认在《多哈宣言》中的承诺，并规定该章的义务，"不会且不得阻止一缔约方采取措施保护公共健康。因此，在重申其对本章承诺的同时，缔约方确认，本章能够且应该以支持每一缔约方保护公共健康，特别是促进所有人获得药物的权利的方式加以解释和实施。每一缔约方有权确定构成国家紧急状态或其他极端紧急的情况，各方理解公共健康危机，包括与艾滋病病毒/艾滋病、肺结核、疟疾和其他传染病相关的公共健康危机，可以构成国家紧急状态或其他极端紧急的情况"。可见，国际社会对在知识产权领域维护公共健康已经达成广泛的一致。

（二）强制许可出口限制的阻碍与修改

药品专利的排他权赋予权利人利用法律强制手段禁止他人生产专利药品，但专利药品因其独占性，往往市场销售价格较高，导致很多情形下患者无法负担。当公共健康危机暴发时，社会公众对药品的广泛需求就会触发药品专利的强制许可，允许政府授权第三方在未经专利权人同意的情况下生产、使用或销售药品，以确保关键医疗产品的可获得性和公众的可负担性。但有些国家因为授权强制许可的出口限制，无法真正利用专利的强制许可机制。

2003 年，在许多非洲国家，1/3 以上的成年人感染了艾滋病。有 400 多万人需要立即接受药物治疗。但在整个非洲大陆，只有 5 万名艾滋病患者得到所需药物。❶ 全球公共健康危机的暴发，更加突出了专利独占权与公共健康之间的冲突，要求专利法律体系对药品可及性等问题加以特殊衡量。暴发公共健康危机的很多非洲国家没有药品生产能力或没有充分的药品生产能力，即使存在强制许可机制，也没有能力生产出安全有效的专利药品。为此，这些本国无药品生产能力的国家只能寄希望在其他国家强制许可生产同样的专利药品，然后通过进口获取所需药品，解决公共健康危机。但这一路径一直无法实现。囿于 TRIPS 及其成员专利法对强制许可产品的出口限制，即使授权强制许可生产了专利药品，也不能将其出口。TRIPS 对专利强制许可实施应当主要供应域内市场的要求体现在第 31 条（f）项，其明确规定，"任何此种使用的授权应主要为供应授权此种使用成员的国内市场"，其中的"此种使用"指强制许可。按照该条款规定，一成员授权强制许可后，除法定特殊情形之外，申请人实施强制许可生产的产品应当主要供应域内市场，不允许出口至该成员境外。为了与 TRIPS 保持一致，世界贸易组织成员的域内立法作出与第 31

❶ TIMMERMANN C，VAN DEN BELT H. Intellectual property and global health：from corporate social responsibility to the access to knowledge movement［J］. Liverpool Law Review，2013，34：55.

条（f）项基本一致的规定。例如《专利法》第 58 条规定："除依照本法第五十三条第（二）项、第五十五条规定给予的强制许可外，强制许可的实施应当主要为了供应国内市场。"这一法律限制使得暴发公共健康危机的国家无法获得药品，并无法应对所面临的公共健康危机。因此，一些发展中国家认为，强制许可规定导致对专利权人过度保护，现有机制的适用无法解决公共健康危机，是实现药品全球可及性的主要阻碍。

在 2001 年卡塔尔多哈举行的世界贸易组织部长级会议上，作为启动新的多边贸易政策改革和自由化工作计划的一部分，所有世界贸易组织成员就 TRIPS 与公共健康维护问题上的适用达成了协议，最终形成《多哈宣言》。根据该宣言的要求，TRIPS 对强制许可产品主要供应域内市场的限制性要求进行了修改，允许在特殊情形下授权强制许可的药品出口至其他成员，这就是为应对公共健康危机的"药品出口"强制许可。在此之前可以授权强制许可的情形主要是专利权滥用、维护公共利益，并不包括药品出口。以药品出口为目的专利强制许可授权，实质上是对已有法律规定的一种修改，其转换至成员的域内专利立法，便形成了一种新的专利强制许可类型。

三、强制许可药品"出口限制"的原因分析

TRIPS 之所以在强制许可机制中限制产品的出口，要求主要供应域内市场，原因在于对知识产权地域性原则的遵循。地域性原则是知识产权的一项基本原则，是国家主权原则在知识产权领域的体现，其要求各国彼此尊重依据不同国家立法所获取专利权的独立法律效力。专利强制许可同样应当遵循地域性原则，其具

体表现是同一项专利在不同国家得到专利授权后，其中一个国家对同一项发明授权专利强制许可，不等于该项专利在其他国家也能够被授权强制许可。基于专利的地域性，该项专利在其他国家依然享有完整的排他权。因此，地域性对于强制许可的限制性要求是：强制许可的实施应当主要供应国内市场。

在公共健康领域，我们也可以从强制许可药品可能造成的专利侵权情形出发，对这一问题进行反向分析，即如果强制许可申请人擅自将药品出口，会产生何种侵权行为。如果强制许可申请人擅自将药品出口，按照专利权人在产品输入成员市场的专利法律状态，该批药品在输入成员市场会遇到两种情形：一种情形是专利权人在输入成员市场就同一项专利持有有效专利权，另一种情形是，专利权人在输入成员市场无有效专利权。在第一种情形下，强制许可药品出口至权利人享有有效专利的另一成员境内，按照地域性原则，该产品必然构成专利侵权。因为一成员授权强制许可的效力仅及于其本国境内，这些产品在他国销售则属于未经权利人同意生产的专利侵权产品；在第二种情形下，药品输入地无专利权人有效专利权，不会在该国产生专利侵权行为，似乎排除了专利侵权的障碍，但这些药品会因失去合法生产的法律基础，在其生产地构成专利侵权。因为，按照 TRIPS 第 31 条（c）项的规定，强制许可的实施范围应仅限于授权的合法目的和范围。无论哪一种法定情形，均不存在以出口为目的的强制许可授权。一旦强制许可申请者将产品用于出口，就违背了该成员授权其实施强制许可的最初目的，也就失去了在权利人排他地域内生产专利药品的合法基础，从而构成专利侵权。因此，除了法律规定的特殊情形，强制许可生产的产品只能在国内销售，不能出口。供应国内市场，是强制许可的一般性限制要求。

因此，《多哈宣言》允许对强制许可的专利药品出口，是一种特殊类型的规定，必须满足特定的条件。

第二节 药品领域强制许可出口限制的突破

一、《多哈宣言》的背景与内容

早在 20 世纪 90 年代，世界卫生组织就对全球疾病的严重程度表示了担忧。在《1996 年世界卫生组织报告》中，曾对全球公共健康情况这样进行描述："传染病每年造成 1700 万人死亡，约占全球死亡人口的 33%，大多数死亡案例发生在非洲、东南亚地区……在过去的 20 年中，已经出现 30 多种新型疾病威胁数亿人口的健康，新型传染病也在逐步传播到其他地域，如南美霍乱和肯尼亚黄热病。最严重的是艾滋病，目前已经造成 2400 万人感染，到 2000 年这一数字可能增加到 4000 万。"[1] 艾滋病是影响全球公共健康非常典型的疾病，自 1981 年在美国发现首例患者后，以成倍的速度迅速向世界各地蔓延。虽然，由于后期治疗艾滋病相关药品的出现，并未出现世界卫生组织在 1996 年报告中预测的 4000 万名患者，但其感染及致命人数的增长速度依然令人震惊。根据联合国发布的报告《艾滋病如何改变一切》中

---

[1] WHO. World Health Report 1996：fighting disease, fostering development ［EB/OL］.（1996）［2020－01－28］. https：//www. who. int/whr/1996/en/whr96_en. pdf? ua=1.

的统计数据，在 2000 年时，全球携带艾滋病患者数量为 2860 万，因艾滋相关疾病死亡人数为 160 万。艾滋病患者一年治疗费用为 1 万美元，制药企业不仅深深影响政府政策，还严格控制药品的价格。❶ 许多发展中国家和非政府组织强烈呼吁并积极开展活动，要求降低相关药品的价格。

在此背景下，世界贸易组织将药品与知识产权关系问题列入贸易谈判的主要议题。在新一轮多哈回合贸易谈判中，各成员代表就公共健康问题进行了磋商。2001 年 11 月 14 日通过的《多哈宣言》对发展中国家寻求获取药品的阻碍进行了回应。《多哈宣言》认识到，TRIPS 不能也不应该阻碍成员采取措施保护公共健康。一些世界贸易组织成员在药品领域的制药能力不足或根本没有制药能力，这些成员在有效利用 TRIPS 中规定的强制许可方面面临困难，在利用 TRIPS 强制许可方面也存在障碍。《多哈宣言》的通过可以视为世界贸易组织关于国际贸易问题的一个分水岭，它标志着国际贸易中的贸易规则体系应与公共健康利益保持一致。❷《多哈宣言》明确指出，TRIPS 有关强制许可的规定对没有制药能力的发展中国家及最不发达国家获取药品形成阻碍。TRIPS 第 31 条对欠缺制药能力国家获取药品造成阻碍的主要有两项条款，分别为第 31 条（f）项和（h）项，《多哈宣言》在第 6 段中决定对 TRIPS 的这两项条款进行修改。根据《多哈宣言》第 6 段提出的要求，世界贸易组织在 2003 年取得阶段性的

---

❶ UNAIDS. How aids changed everything [EB/OL]. (2015 – 07 – 14) [2020 – 04 – 18]. https：//www.unaids.org/sites/default/files/media_asset/MDG6Report_en.pdf.

❷ CORREA C M. Implications of the Doha declaration on the TRIPS agreement and public health [M]. Geneva：World Health Organization，2002：7.

成果，达成了《"关于〈与贸易有关的知识产权协定〉与公共健康多哈宣言"第 6 段的执行》（以下简称《多哈宣言第 6 段执行》），着手推动 TRIPS 第 31 条的修改。

二、TRIPS 第 31 条的修订

按照《多哈宣言》的要求，TRIPS 进行了修订。TRIPS 第 31 条的修改是世界贸易组织管理国际条约的首次修改，反映了在国际知识产权领域，尤其是有关药品的知识产权领域，对不同经济发展水平国家间分歧的协调。按照 2017 年 1 月 23 日 TRIPS 的最终修订版本，有关第 31 条（f）项和（h）项的修改作为副款附于第 31 条之后，成为第 31 条之二，具体修改体现如下。

TRIPS 第 31 条之二

1. 出口成员基于药品生产的目的，在必要范围内授权强制许可，并将药品出口至符合本协定附件第 2 段所列术语适格进口成员方，则第 31 条（f）项义务不再适用。

2. 如出口成员依据本协定附件与本条设立机制授权强制许可，应当依第 31 条（h）项支付充分的报酬，该报酬应考虑出口成员所授权强制许可对进口成员的经济价值。如适格进口成员对同样产品授权了强制许可，第 31 条（h）项的义务对其不再适用，因为这些产品的报酬已依本段第一句由出口成员支付。

（一）供应域内市场义务：第 31 条（f）项的修改

依据 TRIPS 第 31 条（f）项之规定，授权强制许可后生产的产品应当供应域内市场的需求，不得出口至域外市场。针对

TRIPS 第 31 条（f）项可能造成的阻碍，按照第 31 条之二第 1 款的规定，取消了药品出口成员依第 31 条（f）项负担的"只能供应域内市场"义务。

没有药品生产能力或药品生产能力不足的成员被称为"适格进口成员"（eligible importing member），生产强制许可专利药品的成员被称为"出口成员"（the exporting member）。为了向没有药品生产能力的适格进口成员供应相关药品，具备制药能力的出口成员可应请求在本国授权强制许可生产药品，药品生产完成后，可以向无制药能力的进口成员出口。该出口行为属于供应域外市场，《多哈宣言》对 TRIPS 第 31 条（f）项进行修改后，在符合特定条件下，豁免了出口成员强制许可药品只能供应域内市场的义务，可以向无制药能力的适格进口成员市场出口。

（二）支付使用费：第 31 条（h）项的修改

依据《多哈宣言》，TRIPS 对第 31 条强制许可修改的基础是欠发达国家在药品获取方面的障碍。理解第 31 条（h）项的修改，必须首先理解解决公共健康危机下的药品专利强制许可问题，即在适格进口成员和出口成员境内都需要授权强制许可。根据 TRIPS 第 31 条之二第 1 款对第 31 条（f）项的修改，对于出口成员已经消除限制出口的义务，适格进口成员可以通过进口获取应对健康危机的相关药品。尽管在适格进口成员境内没有药品制造行为，但会发生药品的使用、许诺销售及销售行为，也需要授权强制许可。否则，适格出口成员授权强制许可生产的药品出口至进口成员销售，也会构成专利侵权。

第 31 条之二第 1 款对第 31 条（f）项的修改是对 TRIPS 强制许可出口限制的突破，但要真正实现强制许可生产药品的出口，还需要对配套的支付使用费条款进行相应修改，这就涉及第31条（h）项的规定。依据第31条（h）项的规定，世界贸易组织各成员应在考虑所授权强制许可获取经济价值的前提下，由强制许可的被许可方向专利权人支付报酬作为补偿。第31条（h）项对于报酬的标准使用了"充分的"（adequate）这一概念，可以理解为相当于双方基于谈判协商达成的使用许可费。无论何种情形，许可费支付的基础是被许可方能够通过使用专利技术获取利润。在此种公共健康危机情形下授权的强制许可，药品进口成员的地位较为特殊：首先，其并未在域内生产药品并将其销售；其次，进口方还需要为购买药品支付报酬，几无获利空间。在这种情形下，要求适格进口成员向专利权利持有人支付充分的报酬，显然并不公平。为此，TRIPS 第31条之二第2款对第31条（h）项进行补充，免除了适格进口成员依据该款向权利人支付报酬的义务。但这项义务的免除并不适用于出口成员，因为出口成员授权强制许可生产药品，并通过药品出口销售获取了一定的经济价值。因此，按照第31条之二第2款的规定，出口成员应当按照第31条（h）项要求向专利权利持有人支付报酬，且该报酬需要考虑药品出口到适格进口成员获取的经济价值。

实现强制许可药品的出口，还需要在程序方面具备以下特定条件：①适格进口成员要提前通知 TRIPS 理事会其所需药品的名称和数量；②除最不发达成员外，TRIPS 还需要对适格进口成员在制药领域没有或者缺少制药能力的实际情况加以确定；③在出口成员域内需要授权强制许可。出口成员要将授权强制许可的情况通报 TRIPS 理事会，通报信息包括被许可方的名称、地址、生产的产品与数量、产品供应的成员及强制许可的期间等。此外，授权强制许可生产的药品必须全部出口给适格进口成员，在药品装运之前，获得强制许可的被许可方还要在其网站上公布有关药品各目的地数量及区别特征等方面的信息。

三、我国药品出口的专利强制许可规则

在 TRIPS 对有关药品出口专利强制许可规范进行修改之后，我国在《专利法》中也增加了相应的法律规范，在第 55 条中对药品出口的强制许可进行了特殊规定。

《专利法》第 55 条

为了公共健康目的，对取得专利权的药品，国务院专利行政部门可以给予制造并将其出口到符合中华人民共和国参加的有关国际条约规定的国家或者地区的强制许可。

因为此种类型不符合任何一种授权强制许可的现有法定情形，《专利法》为此种药品出口的强制许可进行了专门规定。

首先，关于公共健康目的的理解。"为了公共健康目的"指的是为了我国以外的其他国家或地区的公共健康，而非出于我国的公共健康目的。当其他国家或地区出现公共健康危机，需要通过强制许可得到足够的可负担药品时，申请人可以在我国境内申请就相关的药品专利授予强制许可。正是为了应对国外的公共健康危机，在我国通过强制许可制造的药品才仅能出口至其他国家或地区。

其次，关于强制许可目的的理解。此类强制许可授权的目的是药品出口。《专利法》中明确规定，对于专利药品，给予的是制造并出口到其他国家或地区的强制许可。这些药品尽管在我国境内制造，但不能在我国境内销售，是专门以出口为目的制造的

药品。理解这一类型强制许可时，如果不了解其产生的国际背景，就会提出这样的问题：为何满足其他国家或地区公共健康需要的药品，要在我国制造并出口呢？通过前文对《多哈宣言》的介绍，可以理解其原因在于这些药品出口的国家或地区自身没有药品生产能力或生产能力不足，只能借助其他国家的制药企业生产应对本国公共健康危机所需的专利药品。

最后，关于药品出口目标国家或地区的理解。此类强制许可尽管是专门为药品出口目的进行的授权，但药品并非可以出口到任意国家，而是必须出口至符合法律要求的国家或地区，这一要求的法律依据来源于"中华人民共和国参加的有关国际条约规定"。

按照专利权的地域性原则，强制许可生产的药品与其他商品一样，只能供应国内市场，不能出口至境外。这一要求不仅是《专利法》的规定，而且是我国参加国际知识产权条约的规定。《专利法》有关药品专利出口的强制许可规定，也是与国际条约的修改保持一致，具体理解与适用要符合《多哈宣言》的精神。

第三节　药品出口强制许可规则的最新发展

2019 年末，全球新冠疫情暴发，人类面临前所未有的全球公共健康危机。2020 年 3 月 11 日，世界卫生组织宣布新冠病毒疾病为全球流行性疾病，世界贸易组织也意识到，这一全球性流行疾病对全球贸易和经济造成了前所未有的破坏。❶ 知识产权与

---

❶ COVID – 19 and world trade［EB/OL］.［2024 – 05 – 24］. https：//www. wto. org/english/tratop_e/covid19_e/covid19_e. htm.

公共健康的博弈再次成为世界贸易组织的重点议题，疫苗作为抑制疫情的重要预防性药品，成为议题讨论的重要对象。

一、新冠疫情暴发后的世界贸易组织知识产权提案

在新冠疫情的全球紧急状态下，广泛获取抑制和治疗新冠肺炎的疫苗和其他药品、医疗产品等成为应对全球公共健康危机的关键措施。但这些药品的大规模生产遇到知识产权阻碍，在这种情形下，一些国家向世界贸易组织提出消除知识产权阻碍的提案。

（一）知识产权豁免提案

2020 年 10 月 2 日，印度和南非向世界贸易组织提出议案，认为世界贸易组织成员应当共同努力，确保知识产权不会对价格可负担的疫苗等医疗产品的获取、研发及生产构成阻碍。印度、南非提案的名称是"为预防、抑制及治疗新型冠状病毒豁免TRIPS 特定条款"❶（Waiver from Certain Provisions of the TRIPS Agreement for the Prevention，Containment and Treatment of Covid - 19，IP/C/W/669）。该提案的核心内容是对世界贸易组织成员保护知识产权的部分义务进行豁免，即在疫情期间不再对知识产权权利人的排他权进行保护。

该提案的具体内容是，建议 TRIPS 理事会对于 TRIPS 第二部分（知识产权的范围、使用及效力标准）中第 1 节、第 4 节、第

---

❶ Council for Trade - Related Aspects of Intellectual Property Rights，Waiver from Certain Provisions of the TRIPS Agreement for the Prevention，Containment and Treatment of Covid - 19，Communication from India and South Africa，IP/C/W/669，2 October 2020.

5 节、第 7 节及依据 TRIPS 第三部分（知识产权的实施）的义务尽早给予豁免，取消各成员的实施、适用和执行义务。对应 TRIPS 相应条款，印度、南非主张豁免的知识产权范围包括版权及相关权、工业品设计、专利、商业秘密及知识产权实施适用方面的规范。因此，该提案也被称为知识产权豁免提案。此种知识产权豁免是对知识产权保护义务的暂时放弃，具体结束期间是疫情结束时间。印度、南非的知识产权豁免提案在国际上产生很大分歧。一些医药企业认为，放弃新冠疫苗专利并不会解决当前全球疫苗短缺的问题。鉴于对该提案产生的较大质疑，2021 年 5 月，该提案的提案国对该提案进行了调整，并提交了修订后的提案（IP/C/W/669/Rev. 1，因后有其他国家加入，以下简称"印南联合提案"）。修订后的提案进一步明确了提案的豁免范围是"卫生产品和技术"，其中包括诊断、治疗、疫苗、医疗设备、个人防护设备及其材料或组件以及预防、治疗或控制疫情的制造方法和手段，相对于原提案中的"新冠病毒领域"范围进行了较为具体的限定。

（二）强制许可提案

印南联合提案建议对 TRIPS 大部分知识产权义务进行豁免，受到一些发达国家的抵制。2021 年 6 月 18 日，欧盟向世界贸易组织提出"疫情形势下关于 TRIPS 与公共健康总理事会声明草案"（Draft General Council Declaration on the TRIPS Agreement and Public Health in the Circumstances of a Pandemic，IP/C/W/681，以下简称"欧盟声明草案"），该草案成为与印南联合提案并列讨论的两项提案之一。与印南联合提案相比，欧盟声明草案大大缩小了所调整的范围。该草案确定对具体知识产权客体的具体条款进行豁免，即将知识产权豁免集中于专利，涉及条款为 TRIPS 第 31 条及第 31 条之二。该草案建议成员应"尽可能高效便捷地使用强制许可"，排除应对新冠疫情的知识产权阻碍应围绕专利强制许可的具体适用展开。因此，从内容上看，也可以称其为强制许可提案。

欧盟声明草案对 TRIPS 第 31 条强制许可中三个分款的内容提出了豁免的建议。第一，TRIPS 第 31 条（b）项申请强制许可之前"应努力从权利持有人处获取授权"的义务，成员可以豁免；第二，对于 TRIPS 第 31 条（h）项向权利人支付报酬的内容，在新冠疫情形势下，成员可以规定，该报酬应反映向强制许可疫苗或药品生产者收取的优惠价格；第三，对于 TRIPS 第 31 条之二，药品出口仅限于适格进口成员的规定，在疫情形势下，疫苗出口成员可以通过直接或间接方式将疫苗和药物供应给发展中国家。从欧盟声明草案的内容可以看出，其建议紧密围绕强制许可的具体条款，豁免范围是成员授权强制许可的限制性要求。

二、《关于 TRIPS 的部长级决定》：疫苗专利强制许可义务豁免

在前期的提案及成员代表讨论文本基础之上，世界贸易组织第 12 届部长级会议于 2022 年 6 月召开，最终通过了《关于 TRIPS 的部长级决定》（本节简称《决定》）。[1]《决定》更多采纳了欧盟声明草案中的建议，允许成员就"疫苗专利"放弃 TRIPS

---

    [1] Ministerial Conference Twelfth Session, Ministerial Decision on the TRIPS Agreement, WIT/MIN（22）/30, Adopted on 17 June 2022.

第 31 条强制许可规定中的相关条款义务。该决定是世界贸易组织为应对全球新冠疫情，在知识产权领域进行回应的一项重要法律文件，为疫苗专利豁免提供了国际法律依据。

按照《决定》的内容，在其通过后的 5 年内，成员可以限制专利的专有权，通过对强制许可义务的释明和修改，直接采取多种方式促进疫苗的生产。❶《决定》对疫苗专利强制许可义务的豁免主要体现为 TRIPS 对第 31 条（b）项、（f）项、（h）项的规定。

（一）《决定》的适用主体

按照《决定》的规定，可以适用《决定》的主体是"符合条件的成员"。符合条件的成员主要指发展中国家成员，并鼓励有能力生产新冠疫苗的发展中国家成员作出具有约束力的承诺，即不利用《决定》。在《决定》通过之前，存在对符合条件的成员界定标准的分歧。在 2022 年 5 月世界贸易组织总理事会议上，中国宣布只要文本是对所有发展中国家豁免开放利益，鼓励有疫苗能力出口成员选择退出，中国承诺可以不利用文本提供的灵活性。❷ 这就意味着，中国不会利用《决定》疫苗专利豁免实施强制许可。中国的这一承诺减弱了《决定》磋商中有关豁免问题

❶ WTO news and events. Members discuss extending MC12 TRIPS Decision to COVID - 19 diagnostics and therapeutics ［EB/OL］. （2022 - 10 - 13）［2024 - 05 - 24］. https：//www. wto. org/english/news_e/news22_e/trip_13oct22_e. htm#：~：text = At% 20the% 2012th% 20WTO% 20Ministerial% 20Conference% 20% 28MC12% 29% 2C% 20trade, clarifications% 20of% 20existing% 20flexibilities% 20and% 20a% 20targeted% 20waiver.

❷ WTO. Members welcome Quad document as basis for text - based negotiations on pandemic IP response ［EB/OL］. （2022 - 06 - 21）［2024 - 05 - 24］. https：//www. wto. org/english/news_e/news22_e/gc_10may22_e. htm.

的分歧，承担了推动多边主义谈判进程、尽快实现疫苗全球分配的大国责任。

（二）强制许可的事前协商义务豁免

强制许可的事前协商义务规定在第31条（b）项。该款的要求是强制许可的使用者应当在申请之前，"已经按合理商业条款和条件努力从权利持有人处获得授权，但此类努力在合理时间内未获得成功"。按照《决定》的规定，符合条件的成员可以不必遵守该款原来的规定，无须要求强制许可的使用者事先努力获得权利持有人的授权。

（三）强制许可供应域内市场义务豁免

强制许可产品的供应域内市场义务规定在第31条（f）项。该款的要求是，成员对强制许可的授权应当"主要供应授权此种使用的成员的域内市场"。按照《决定》的规定，符合条件的成员可以不必遵守该款原来的规定，允许根据《决定》授权强制许可生产的任何数量的疫苗出口到符合条件的成员，包括通过国际或地区联合出口，以确保成员能够公平获得所需疫苗。

（四）强制许可的报酬支付义务

强制许可的报酬支付义务主要规定在第31条（h）项。该款的要求是成员授权强制许可，应当"在任何情况下向权利持有人支付充分的报酬，同时考虑到授权的经济价值"。按照《决定》的规定，符合条件的成员授权强制许可后，在确定支付给权利人报酬时，可以考虑疫苗分配的人道主义和非营利目的，以支持符合条件成员域内的生产商能够以可负担价格生产和供应疫情所需的疫苗。

三、《决定》与《多哈宣言》强制许可义务豁免的对比

（一）《决定》与《多哈宣言》近似之处

《决定》与《多哈宣言》有很多相近之处，都是解决公共健康与知识产权协调问题，都对成员 TRIPS 第 31 条强制许可的"供应域内市场"义务进行了修改，其目的都是让符合条件的成员能够在更大程度上获得所需的药品。只是《多哈宣言》应对的是区域公共健康危机，而《决定》应对的是全球范围的公共健康危机，两者在具体适用条件方面也有一定的差异。

《多哈宣言》之后，对于"供应域内市场"义务的豁免体现在 TRIPS 的修改内容之中，即其条文中增加的第 31 条之二第 1款。《决定》就"供应域内市场"义务的豁免，与《多哈宣言》存在明显的相似性，两者在法律适用上的相似之处具体表现在三个方面：其一，两者针对的是对同一条款的豁免，均是对第 31条（f）项出口限制的修改；其二，《决定》与《多哈宣言》的供应域内市场义务豁免均只适用于特定的药品领域，只是 TRIPS第 31 条之二适用于广义的药品专利范畴，而《决定》豁免仅适用于其中的疫苗专利；其三，两者适用会产生类似的法律效果，均是允许将强制许可授权生产的药品出口至授权成员境外，免除了成员依第 31 条（f）项履行的供应域内市场义务。

（二）《决定》与《多哈宣言》关于"供应域内市场"豁免的区别

尽管《决定》与《多哈宣言》在"供应域内市场"义务豁免方面存在相近之处，但两者在法律适用方面还是存在一定的区

别，具体差异表现在以下三个方面。

其一，两者适用的情形不同。《多哈宣言》的豁免是为了解决特定成员药品生产能力不足的情形，《决定》的豁免则是为了解决全球疫苗供应不足，无法满足中低收入国家疫苗分配需求的情形。由此，依据《多哈宣言》，可以提出适用请求的主体是"无药品生产能力或生产能力不足"的适格进口成员，而《决定》的适用主体是作出特别承诺之外的"所有发展中国家成员"。

其二，两者对于产品"出口"的态度不同。依据《多哈宣言》，在豁免出口成员供应域内市场需求义务的同时，也取消了产品供应域内市场的资格，所生产药品必须确保出口。❶ 而《决定》并未对此作出特别要求，仅规定"允许依据本决定授权生产产品的任何比例出口至符合条件成员"。这就意味着，《决定》豁免生产疫苗成员"供应域内市场"义务的同时，并不否定产品供应域内市场的资格。

其三，对于进口成员再出口的限制不同。按照《多哈宣言》，通过进口得到药品的适格进口成员不得将该药品再次出口，只能在本成员境内使用。而《决定》并未对进口成员的疫苗再出口加以绝对性禁止，只是规定其应"采取合理努力阻止"疫苗的再出口。

《决定》与《多哈宣言》都是人类为应对公共健康危机，在知识产权领域寻求的解决之道。这两项文件均将专利的强制许可

---

❶ OKEDIJI R L，BAGLEY M A. Patent law in global perspective ［M］. Oxford : Oxford University Press，2014：500.

义务作为修改的主要内容，以加强药品及疫苗的出口，在药品的全球可及性与知识产权的地域性之间作出了一定的突破。但仅在专利强制许可领域进行微小的修改，显然没有办法真正解决全球公共健康危机面对的知识产权障碍。以《决定》为例，其适用范围能否进一步扩大到疫苗之外的药品及医疗产品，在 2024 年阿布扎比召开的世界贸易组织第 13 届部长级会议上依然未达成一致。采取有效法律措施，建立国际合作机制，切实解决未来全球公共健康危机在知识产权领域面临的阻碍，还需要国际社会的持续共同努力。

第三部分　与药品行政审批程序相关的专利法律规范

第六章

药品行政审批机制的法律基础

药品行政审批机制是药品管理法规范的重要内容，属于药品管理法的体系范畴，药品管理是药品监督管理的简称。药品监督管理是指国家药品监督管理部门为保证药品质量、保障人体用药安全有效、维护人民身体健康和用药的合法权益，根据国家的法律、法规、政策，对药品的研发、生产、流通、使用各个环节的质量以及影响药品质量的因素进行监督管理的活动。我国有关药品行政审批上市的程序和要求主要规定在《药品管理法》《药品注册管理办法》等相关法律法规之中。国家药品监督管理局主管全国药品注册管理工作，药品监督管理必须依据国家的法律、法规和政策进行，具有严格的法律程序和要求。

一、药品行政审批机制及价值

我国在 1978 年成立国家药品监督管理总局，开始建立现代化的药品监督管理体系。21 世纪初，我国进一步加强药品上市审批制度的改革，不断颁布新的药品管理法律法规，建立了较为完备的药品监督管理体系。

（一）药品行政审批与药品管理、药品注册

对药品行政审批的理解，涉及两个概念，即药品管理与药品注册。其中药品管理所包含的范围最大，药品管理包括对药物临床试验批准、药品上市许可、药品关联审评审批、药品注册核查以及药品注册检验等不同环节的管理。药品注册是国际上通行的药品管理的一种手段，是各国政府为确保人体用药安全有效所采取的必要控制措施，药品注册属于药品管理的源头。❶ 药品行政审批是药品注册的必要程序之一，药品行政审批程序因药品类型（如新药、仿制药、进口药等）和审批事项（如生产许可、经营许可、注册等）的不同而有所差异，药品行政审批的内容主要包括药品质量标准、生产工艺、药品疗效和安全性评价、临床试验结果等。因此，药品管理包含的范围大于药品注册，药品注册包含的范围大于药品行政审批。

与专利法有关的药品行政审批机制主要涉及国家药品监督管理机构对药物临床试验及药品上市许可申请的审评审批机制。

（二）药品行政审批的价值

国家设立药品行政审批机制的主要价值就是确保药品的安全性和有效性。通过对药品的审评审批，确保药品符合国家质量标准，保障人体用药安全有效，维护公众的身体健康。与普通产品相比，药品的特殊性在于，只有在通过国家药品监督管理机构的行政审批后，才有资格上市销售，专利药品也不例外。药品行政审批程序对药品疗效和安全性进行评价，评估药品在预期用途下

---

❶ 李钧. 最新药品注册技术精讲 [M]. 北京：化学工业出版社，2005：3，8.

的效果和安全性，确保其能够达到预期的治疗效果，并且对使用者安全无害。药品行政审批程序还要分析临床试验数据，验证药品在实际情况下的有效性和安全性。当仿制药品参照专利药品申请行政审批程序时，程序也会启动对药品专利的特别保护。

为了保障上市药品的安全性，避免患者对药品造成混淆，国家药品监督管理机构对申请上市药品使用的名称也作了明确细致的规定。申请上市许可药品如果使用的药品通用名称，没有列入国家药品标准或者药品注册标准，申请人应当在提出药品上市许可申请时同时提出通用名称核准申请。药品上市许可申请受理后，药品审评中心及时将通用名称核准相关资料转国家药典委员会，国家药典委员会核准后反馈药品审评中心。如果申报药品拟使用的药品通用名称已经被列入国家药品标准或者药品注册标准，药品审评中心在审评过程中认为需要核准药品通用名称，应当通知国家药典委员会核准通用名称并提供相关资料，国家药典委员会核准后反馈药品审评中心。

二、药品行政审批机制的主要内容

（一）申请药品上市许可的主体

在我国，药物临床试验、药品上市许可的申请都包含在药品注册程序之内。因此，药品注册的申请人就是药品上市许可的申请人。按照我国《药品注册管理办法》的规定，申请人提出注册申请后，"药品监督管理部门基于法律法规和现有科学认知进行安全性、有效性和质量可控性等审查，决定是否同意其申请的活动。申请人取得药品注册证书后，为药品上市许可持有人"。我国《药品注册管理办法》在 2020 年进行了修改，修改的主要内容之一就是全面落实药品上市许可持有人制度，明确申请人为能够承担责任的企业或药品研制机构等，要求其建立药品质量保证体系，对药品的全生命周期进行管理，开展上市后研究，承担上市药品的安全有效和质量责任。❶

从我国对申请药品上市许可主体的规定可知，申请上市的主体主要是有能力对药品安全、有效承担责任的人。该主体可能是药品专利权人，也可能不是药品专利权人，例如药品专利的被许可人等。

（二）药品上市许可的启动

申请人申请药品上市许可，应当已经完成支持药品上市注册的药学、药理毒理学和药物临床试验等研究，已经确定质量标准，完成商业规模生产工艺验证，并做好接受药品注册核查检验的准备。申请人根据临床试验研究取得的数据等资料，按照申报要求提交相关研究资料。但仿制药、按照药品管理的体外诊断试剂以及其他符合条件的情形，经申请人评估，认为无须或者不能开展药物临床试验，符合豁免药物临床试验条件的，申请人可以直接提出药品上市许可申请。申请人按照要求提出申请后，药品审评中心根据药品注册申报资料、核查结果、检验结果等，启动对药品安全性、有效性和质量可控性等方面的综合审评。

（三）药品行政审批的期限

按照《药品注册管理办法》的规定，药品注册申请受理后，药品审评中心应当在受理后 40 个工作日内进行初步审查。药品

---

❶ 张哲峰，侯雯. 解读《药品注册管理办法》［M］. 北京：中国医药科技出版社，2020：10.

注册申请受理后需要药品注册检验的，药品审评中心应当在受理后 40 个工作日内向药品检验机构和申请人发出药品注册检验通知。药品注册检验包括标准复核和样品检验。标准复核是指对申请人申报药品标准中设定项目的科学性、检验方法的可行性、质控指标的合理性等进行的实验室评估。样品检验是指按照申请人申报或者药品审评中心核定的药品质量标准对样品进行的实验室检验。按照《药品注册管理办法》第 96 条第 2 款的规定，我国药品上市许可申请审评时限是 200 个工作日。

申请上市的药品如果是具有明显临床价值的药品，也可以申请适用优先审评审批程序，此类药品包括：①临床急需的短缺药品、防治重大传染病和罕见病等疾病的创新药和改良型新药；②符合儿童生理特征的儿童用药品新品种、剂型和规格；③疾病预防、控制急需的疫苗和创新疫苗；④纳入突破性治疗药物程序的药品；⑤符合附条件批准的药品。纳入优先审评审批程序的药品上市许可申请，药品上市许可审批时限是 130 个工作日；对于临床急需的境外已上市，但在我国境内尚未上市的罕见病药品，药品上市许可审评时限是 70 个工作日。

三、《药品管理法》与《专利法》的关系

医药专利法学同时涉及包含药品行政审批机制的药品管理法和专利法的内容，药品专利的实施使两种部门法产生法律适用的交叉，并出现规则之间相互协调、衔接的要求。广义的药品管理法包括一系列对药品进行监督管理的法律规范，例如 2019 年修改通过的《中华人民共和国药品管理法》《中华人民共和国疫苗管理法》，2020 年通过的《药品注册管理办法》等。可以说，国

家知识产权管理机构和国家药品监督管理机构同时对制药领域发挥着重要作用。

（一）两者的区别

我国的药品管理法与专利法是两个独立的部门法，分别调整各自不同领域的法律关系，两个部门法之间具有显著的差别。

首先，两个部门法的立法目的不同。制定《药品管理法》是为了"加强药品管理，保证药品质量，保障公众用药安全和合法权益，保护和促进公众健康"；制定《药品注册管理办法》是为了"规范药品注册行为，保证药品的安全、有效和质量可控"；而制定《专利法》是为了"保护专利权人的合法权益，鼓励发明创造，推动发明创造的应用，提高创新能力，促进科学技术进步和经济社会发展"。药品管理法体系侧重保障药品的安全、有效，而专利法体系侧重激励药品的创新。

其次，药品管理法与专利法的法律属性不同，分属于行政法和民法的体系范畴。行政法调整的是行政机关与其他主体之间因行政管理活动而发生的法律关系，药品管理法调整的是药品监督管理机构与申请药品上市许可企业之间的药品监督与行政审批的法律关系。因此，药品管理法属于行政法。民法调整的是平等主体之间的财产关系和人身关系，专利法调整的是关于专利财产权取得、实施和保护的法律关系，属于民法范畴。

最后，具体到药品这种特定产品，药品管理法和专利法规范的对象和环节不同。药品管理法关注的是申请人所生产的药品是否安全、有效，专利法关注的是主体是否有资格生产专利药品。基于此，药品管理法主要规范药品的研发与制造环节，而专利法对于专利药品的保护则既包括制造环节，也包括生产制造之后的使用、销售及进出口环节。

（二）两者的交叉

尽管药品管理法与专利法之间有着显著的差异，但是两者因为共同实施对专利药品的规范，会出现规范的交叉。如果不对各自相应的法律规则加以协调，就可能出现对专利药品规范的法律冲突。

1. 专利药品制造和使用环节的交叉

依据《药品管理法》第 24 条的规定，申请人在申请药品注册时，除要提供真实、充分、可靠的数据、资料外，还要提交药品的样品，用以证明药品的安全性、有效性和质量可控性。这就意味着，在向行政机构申请药品的上市审批时，已经完成了药品的制造行为，并需要将其作为样品使用表明药品的安全性和有效性。如果申请人申请注册的药品是专利药品，就会与《专利法》出现交叉。因为，《专利法》同样规范药品的制造、使用行为。依据《专利法》第 11 条的规定，任何单位或者个人未经专利权人许可，都不得实施其专利，即不得为生产经营目的制造专利产品。由此，在制造药品提交上市这一环节上，《药品管理法》与《专利法》的规范对象出现了交叉。由于《专利法》禁止未经药品专利权人许可制造、使用专利药品，该交叉环节可能出现的问题是：如果药品注册的申请人未经药品专利权人许可，制造、使用了专利药品，并利用该药品申请上市许可，药品监督管理机构应当如何处理？

2. 药品审批与专利独占期间的交叉

药品的行政审批是一个复杂的过程，要经历一段特定期间才能完成。如果加上获取药品临床试验数据的期间，可能需要数年时间。根据药品类型、申请材料的完整性和质量、临床试验的复杂性、监管机构的工作负荷等因素，期间会有所不同。通常情况下，专利药品代表的新药准备并通过审批程序的期间会更长一些。依据《专利法》的规定，专利权人可以享有法定的独占期间。药品发明专利可以享有 20 年的有效期间，自药品专利的申请日起算，药品专利权人可以通过在法定期间内独占市场获取商业利益。但药品发明往往在取得专利授权后，才开始着手准备药品的行政审批程序，继而在获得上市审批之后，才能在市场上进行销售。在这种情况下，药品的行政审批期间就与药品专利的独占期间出现了交叉。

药品行政审批与专利独占期间交叉可能产生的问题是药品行政审批需要占用药品专利权人的专利有效期间。一般专利产品在专利授权后，可以直接制造并进入市场销售，而药品则必须等待药品注册审批期间的完成。由此，药品的行政审批程序缩短了药品专利权人依据《专利法》可以享有的药品市场独占期间。药品行政审批与药品专利有效期间的交叉示意如图 4 所示。

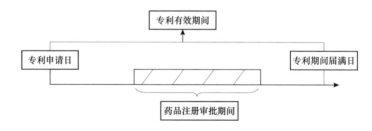

图 4　药品行政审批与药品专利有效期间的交叉示意

因此，药品行政审批与专利独占期间交叉需要解决的问题是，专利药品因申请上市许可审批所占用的市场垄断期间，是否可以在法律上得到补偿？

第七章

医药专利侵权的行政审批例外

医药专利权人享有对医药专利的独占实施权，在权利的保护方面与其他类型专利并无差别。但在发生专利侵权时，专利法专门为医药专利规定了一种特殊的侵权抗辩理由，即医药专利侵权的行政审批例外。在专利法律体系中，为了限制专利权人的独占实施权，规定有多项不视为专利侵权的具体情形，包括进行科学研究实验、交通工具过境等情形。与传统的侵权例外情形相比，药品专利审批例外是后期发展而成的一种侵权例外情形。这一例外机制是对公共健康与医药专利权的平衡，也是对医药专利独占权的特殊限制。《专利法》关于医药专利行政审批例外的规定借鉴了国外立法和判例，详细了解该例外确立的国际背景和相关理论分析，有助于我们正确理解并适用我国关于该项例外规定。

第一节　药品专利行政审批例外的
来源：Bolar 案

专利权人在专利有效期间内对专利药品享有排他实施权，任何人未经权利人许可都不得以生产经营为目的制造、使用、许诺销售、销售和进口专利药品。因此，对于非权利人提交专利药品行为的定性比较清晰。即如果非药品专利权人在未得到专利权人授权的情形下，为申请药品的上市行政审批而制造、使用专利药品的行为，属于专利侵权行为。医药专利侵权行政审批例外是指为进行药品上市行政审批而实施药品专利的行为，不视为专利侵权，将其作为专利侵权的例外情形。

一、药品注册审批制度的产生

药品最早与其他商品一样，并没有特殊的上市销售许可与审批制度。20 世纪初时期，暴发了一系列有较大影响的药品公共卫生事件，例如磺胺配剂事件。20 世纪 30 年代初，磺胺类药物被广泛用于治疗感染。一家名为 S. E. 麦森吉尔（S. E. Massengill）的制药公司决定制造一种口服液体磺胺类药物，以满足患者对液体药物的需求。它们选择使用二甘醇（diethylene glycol）作为药物的溶剂，但并没有进行充分的毒性测试。这种磺胺类药物很快投放市场并销售。随后，很多患者出现严重的中毒症状，包括恶心、呕吐、腹泻、肾功能损害和死亡。这些症状与二甘醇的中毒有关，这种化学物质能够损害人体肾脏和其他器官。在 1937 年 9 ~ 10 月，这种药物导致美国 15 个州 100 多人死亡。[1] 磺胺配剂事件后，美国在 1938 年通过联邦食品、药品和化妆品法案，建立了新的药物监管体系。正是这一法案，使美国在 25 年后避免

---

[1] BALLENTINE C. Sulfanilamide Disaster [J/OL]. FDA Consumer magazine, 1981 [2022 – 10 – 17]. https://www.fda.gov/media/110479/download?Attachment.

了一场更大的药物悲剧。

另一起药品公共卫生事件是发生在德国的沙利度胺事件。沙利度胺是一种被广泛用于妊娠恶心和呕吐治疗的药物，由德国某制药公司上市销售。这一药物导致欧洲数千名婴儿出生时患有严重畸形，包括肢体畸形、内脏畸形和神经系统畸形。这一事件被称为"有史以来最大的人为医疗灾难"。❶ 美国因其建立了药物监管体系，通过 FDA 及时阻止了这种药物在美国的销售。该事件后，美国在 1962 年通过了药物法修正案（Drug Amendments Act of 1962），对联邦食品、药品和化妆品法案进行重大修订，进一步加强对药物的监管，以确保药品安全性和有效性。这一法案因为由科夫沃和哈里斯两位议员倡导和推动，也被称为科夫沃 – 哈里斯修正案（Kefauver – Harris Amendments）。该修正案要求，药品在上市前，必须获得美国 FDA 对上市申请的特别批准。❷

二、药品专利审批例外的背景：*Bolar* 案

医药专利侵权行政审批例外最早起源于美国罗氏产品公司（以下简称"罗氏公司"）诉博拉制药公司案（*Roche Products Inc. v. Bolar Pharmaceutical Co.*，以下简称"*Bolar* 案"）。受该案影响，美国调整相关立法，确立了药品专利行政审批例外。因此，行政审批例外也被称为"Bolar 例外"或博拉例外。

---

❶ KINGSLAND J. How the thalidomide scandal led to safer drugs？［EB/OL］.（2020 – 11 – 15）［2023 – 08 – 13］. https：//www. medicalnewstoday. com/articles/how – the – thalidomide – scandal – led – to – safer – drugs.

❷ MEADOWS M. Promoting safe and effective drugs for 100 years［J/OL］. FDA Consumer Magazine，2006［2023 – 10 – 19］. https：//www. fda. gov/about – fda/histories – product – regulation/promoting – safe – effective – drugs – 100 – years.

罗氏公司是一家大型制药公司，该公司拥有关于处方药盐酸氟西泮的专利。由于美国 FDA 当时对仿制药上市审批大概要花费 2 年以上时间，仿制药企业博拉制药公司（以下简称"Bolar公司"）为在专利到期后销售该专利药品，在专利尚未到期时开始筹备取得上市许可。为了提交仿制药审批申请，Bolar 公司在1983 年从一家外国制造商处进口了 5kg 盐酸氟西泮，然后将其制成胶囊剂型，目的是获得向美国 FDA 提交新药申请所需的稳定性、溶解率、生物等效性研究和血清研究数据。❶ 罗氏公司了解到这一情形后，向法院提出专利侵权之诉。罗氏公司起诉认为，Bolar 公司在其专利有效期间内实施其专利，构成专利侵权。Bolar公司接到起诉状后，提出了自己的抗辩理由，认为其行为是进行美国 FDA 要求的药物测试，应当属于研究实验例外，不应被视为专利侵权。

研究实验例外是专利法领域一项古老的传统例外，美国早在1813 年的 *Whittemore v. Cutter* 案中就适用了这一例外。世界上几乎所有的专利制度规定，研究人员在其研究活动中可以自由使用另一发明人专利所涵盖的发明。❷ 但美国联邦巡回上诉法院最终认为，Bolar 公司进行的试验性使用是出于商业目的，不符合研究实验例外的设定目的，Bolar 公司为获得美国 FDA 要求测试数据使用他人专利的行为，属于专利侵权行为。

---

❶ *Roche Products Inc. v. Bolar Pharmaceutical Co.* , 733 F. 2d 858（Fed. Cir. 04/23/1984）, United States Court of Appeals for the Federal Circuit, 23 April 1984.

❷ CATALDO V D. The experimental use of the patented invention: a free use or an infringing use? [EB/OL]. [2022 - 11 - 06]. https: //link. springer. com/content/pdf/10. 1007/978 - 3 - 540 - 88743 - 0_8. pdf.

基于美国当时的立法，*Bolar* 案实际上无法将向美国 FDA 提交行政审批行为作为合法抗辩理由，只能被认定为侵权。但该案提出了这样一个问题：为提交药品行政审批信息而进行的试验，可以作为专利侵权例外吗？如果将其视为传统的研究实验例外，显然不侵权。但其为提交药品审批信息进行实验的目的，并不符合"仅出于科学兴趣、好奇心或单纯娱乐"❶ 目的的设定。那么，要解决的下一个问题就是，这种行为可以作为一种创新的例外吗？作为仿制药企业的代表，Bolar 公司认为，专利法授予专利权人对其发明享有有限的独占期间，就是为了使公众能够尽快从竞争中受益。规定药品注册审批机制的目的仅仅是确保公众获得安全、有效的药物，而不是根据批准上市许可无限期延长药品专利权人的垄断地位。❷ 仿制药企业占据的有力理由事实来源于社会公众对廉价药品的依赖和支持，他们更希望尽早获取价格低廉的药品，而立法机构的职责显然是通过立法实现公共福利最大化。很多学者也认为，药品注册审批是一种对药品进行的行政管理规则，作为行政规则的副作用，专有权在专利到期后仍然有效是绝对不合理的。❸

三、*Bolar* 案的影响：Hatch-Waxman 法案

在 *Bolar* 案中，法官并没有依据 Bolar 公司的抗辩否认侵权的

---

❶❷　*Roche Products Inc. v. Bolar Pharmaceutical Co.*，733 F. 2d 858（Fed. Cir. 04/23/1984），United States Court of Appeals for the Federal Circuit，23 April 1984.

❸　CATALDO V D. The experimental use of the patented invention: a free use or an infringing use? [EB/OL]. [2022 – 11 – 06]. https: //link. springer. com/content/pdf/ 10. 1007/978 – 3 –540 – 88743 –0_8. pdf.

存在。尼科尔斯（Nichols）法官对于这一问题曾作出如下解释。

Bolar 公司的"实验性"用途完全是为了商业目的，而不是为了娱乐、满足好奇心或严格的哲学探究。Bolar 公司意图进行"实验"，但为了使发明适应实验者商业业务进行的未经许可实验侵犯了专利权人的权利……即使用量很少，但对双方的经济影响非同小可。当一种调查具有明确、可认知、非实质性商业价值目的时，我们不能如此宽泛地解释实验性使用规则，以至于允许在"科学调查"的伪装下违反专利法。❶

但从案件的整体分析过程看，案件审理法官并非认为 Bolar 公司的观点完全没有道理，法官只是认为，在现有专利法律体系没有进行改变之前，不应作出违背法律规则的判决。尽管 *Bolar* 案没有将 Bolar 公司的行为作为实验例外，但也肯定了创新建立药品专利行政审批侵权例外的必要性。因此也可以认为，药品行政审批例外是在研究实验例外基础上形成的一种特殊侵权例外。在 *Bolar* 案之后，美国于 1984 年通过了药品价格竞争与专利期补偿法案，该法案因为是由众议员奥林·哈奇（Orrin Hatch）和参议员亨利·A. 韦克斯曼（Waxman）联合提出，也被称为哈奇-维克斯曼法案（Hatch-Waxman Act，以下简称"Hatch-Waxman法案"）。按照 Hatch-Waxman 法案，显然没有将对药品上市申请有关的临床试验、资料收集等工作划入传统的研究实验例外，而

---

❶ SCHACHT W H, THOMAS J R. Patent Law and Its Application to the Pharmaceutical Industry: An Examination of the Drug Price Competition and Patent Term Restoration Act of 1984（"The Hatch-Waxman Act"）[EB/OL].（2000 – 11 – 18）[2024 – 05 – 24]. https: //www. ipmall. law. unh. edu/sites/default/files/hosted _ resources/crs/crs – 2000 – rsi – 0357_from_1_to_44. pdf.

是创设了一种新的专利侵权例外。

自此，在 1984 年 Hatch-Waxman 法案中，正式确立了药品专利侵权的行政审批例外。根据 Hatch-Waxman 法案，仿制药企业可以在原研药品的专利期限内进行与仿制药上市申请有关的临床试验，准备药品的注册申请，可以收集和准备必要的数据和文件，以便在专利期结束后尽早提交新药上市申请。这一例外主要体现在美国法典第 35 编第 271（e）（1）条，按照该条款规定，在美国境内制造、使用、许诺销售、销售或进口专利发明，仅用于开发和提交根据调控药品或兽医生物制品制造、使用或销售联邦法律所需的信息合理相关的用途，不构成侵权行为。[1] 由于该例外来源于 1983 年的 *Bolar* 案，也被称为 Bolar 例外。Bolar 例外明确规定，仿制药企业在进行临床试验和准备注册申请时必须遵守专利法，否则专利权人有权提起专利侵权诉讼。仿制药企业在进行临床试验和准备药物注册申请时，要提前通知专利权人，使其知晓仿制药申请上市许可的计划。

美国规定 Bolar 例外后，加拿大等其他国家和地区陆续引入类似的规定。2000 年世界贸易组织在加拿大药品专利保护案（Canada – Patent Protection of Pharmaceutical Products）中，专家

---

[1] 参见美国法典第 35 编第 271（e）（1）条："It shall not be an act of infringement to make, use, offer to sell, or sell within the United States or import into the United States a patented invention（other than a new animal drug or veterinary biological product（as those terms are used in the Federal Food, Drug, and Cosmetic Act and the Act of March 4, 1913）which is primarily manufactured using recombinant DNA, recombinant RNA, hybridoma technology, or other processes involving site specific genetic manipulation techniques）solely for uses reasonably related to the development and submission of information under a Federal law which regulates the manufacture, use, or sale of drugs or veterinary biological products."

组也对加拿大专利法中规定的药品专利审批例外是否符合 TRIPS 的相关规定，进行了充分的讨论。

第二节　医药专利行政审批例外的国际裁决

在 TRIPS 第 2 部分第 5 节关于"专利"的规范中，并未规定具体的专利侵权例外，包括美国 Hatch-Waxman 法案所确立的药品行政审批例外。但在 TRIPS 第 30 条中，规定了各成员域内法中规定专利侵权例外应当遵守的一般原则，赋予了成员在该领域进行自由立法的空间。药品行政审批例外确立后，对于其是否符合 TRIPS 的规定，在不同成员之间产生了分歧。1997 年欧洲共同体针对加拿大专利法规定的药品专利审批例外，在世界贸易组织启动了磋商和诉讼程序。该案就是药品领域较为知名的加拿大药品专利保护案（WT/DS114），药品行政审批例外的合法性在该案中得以确定。

一、加拿大药品专利保护案：法规审查例外

（一）案件涉及加拿大专利法的具体条款

1997 年 12 月，欧洲共同体成员提出与加拿大举行磋商，主要涉及加拿大专利法对药品领域发明规定的保护例外问题。1998 年双方的磋商没有达成满意的结果，欧洲共同体要求成立专家组解决相关事项。2000 年，专家组对该案作出裁决。在该案中，加拿大专利法的规定涉及两个主要问题，一个问题是提前生产仿制药品用以储存，是否违背 TRIPS 第 28 条所授予的独占权；另

一个问题是在专利有效期间，允许仿制药生产商提前生产专利药品以进行药品上市行政审批程序，即"法规审查例外"，是否违背 TRIPS 第 28 条所授予的独占权。对于加拿大立法与 TRIPS 第 28 条不一致的问题，加拿大并不否认，但其认为本国专利法规定的例外情形，符合 TRIPS 第 30 条关于成员可以进行"有限例外"的规定。对于加拿大专利法关于专利权人独占权的例外规定，是否符合 TRIPS 第 30 条规定的条件，专家组进行了裁决。

TRIPS 第 30 条

授予权利的例外

各成员可对专利授予的专有权规定有限的例外，只要此类例外不会对专利的正常利用发生无理抵触，也不会无理损害专利所有权人的合法权益，同时考虑到第三方的合法权益。

加拿大药品专利保护案的法规审查例外主要涉及加拿大专利法第 55.2（1）条："任何人仅为依加拿大国家、省或其他国家管理产品制造、建造、使用及销售方面法律研发和提交信息要求的合理相关用途，而制造、建造、使用或销售专利产品，不视为侵权。"这一条款在加拿大专利法中也被称为"法规审查例外"。按照 1992 年修改的加拿大专利法规定的法规审查例外，如果是为了申请药品上市审批提交相关信息，任何人可以在专利有效期间内制造、使用或销售专利产品，而不被视为侵犯专利权。

（二）双方当事人的争议论点

欧洲共同体对加拿大规定的法规审查例外提出疑问，要求世界贸易组织专家组对加拿大专利法第 55.2（1）条及相关条款进行审查。尽管加拿大专利法第 55.2（1）条中没有明确说明是药品，但这一条款只有可能在药品领域产生效力。欧洲共同体认为，第 55.2（1）条允许第三方在没有取得专利权人同意的情况下，进行有关市场准入信息研发和提交的所有实施专利行为，这些行为包括许诺销售和销售，且完全没有数量上的限制，也没有时间上的限制，不符合 TRIPS 规定的"有限例外"。仿制药企业可以在专利有效期 20 年内的任何时间进行这种行为，与 TRIPS 第 28 条相违背。

加拿大要求驳回欧洲共同体的诉求，认为加拿大立法符合 TRIPS 的义务要求，因为所有条款都属于 TRIPS 第 30 条规定的"有限例外"，也没有降低 TRIPS 规定的专利独占保护期。加拿大专利法的法规审查例外是有利于社会福利的措施，并能够实现权利与义务之间的平衡，而这两者都是 TRIPS 第 7 条中规定的目标。此外，加拿大专利法也考虑了第三方的利益，允许潜在的竞争者在专利到期后开展自由竞争，独占权仅在特定期间内授予。按照 TRIPS 第 40 条的规定，国家可以采取措施阻止对竞争有不利影响的知识产权滥用行为。此外，加拿大还认为，根据《维也纳条约法公约》第 31 条，国际条约的条款应当根据其上下文中的一般含义并根据条约的目的和宗旨，以善意方式进行解释。TRIPS 第 30 条显然意在为成员采取措施，为平衡专利权人利益与他方权益提供更大的灵活性，这也是 TRIPS 第 7 条明确的目标。《关税与贸易总协定》（GATT）第 20 条也要求，例外的提出必须是为保护人类健康所必须的。TRIPS 不会支持这些重要的社会利益被耗时的监管审查制度所推翻，且其不是为了保护知识产权，只是通过延长专利保护期限获取暴利垄断。TRIPS 也不会认为这些社会利益可以被 GATT 第 27 条规定的非歧视待遇所超越。这一条款不是对专利权进行贬损，不可孤立地理解该条款，必须结合 TRIPS 第 7 条的总目标进行解释。

加拿大还提出证据，在乌拉圭回合谈判期间，1990 年 3 月 29 日关于《与贸易有关的知识产权协定草案》的提案中曾载，对于某些行为，例如基于在先使用权、私人实施的非商业目的和实验目的的行为，在顾及专利所有人和第三方的合法利益的条件下，可对赋予的专利专有权作有限的例外。许多发展中国家主张对例外采取更广泛的措施，包括对食品和药品的强制许可："协议可以被解释为任何缔约方可以采取任何必要的措施：只要（1）基于政府目的实施或使用专利；（2）授权之专利可以用于食品或药品生产的准备，授权他人基于食品或药品销售等使用专利。"❶正是在这种情形下，最后在谈判成员之间达成一项妥协，并成为 TRIPS 第 30 条，其用语不再限于"为非商业目的所作的行为"，只是规定不与专利的正常利用相冲突，不损害专利权人的合法利益。这一内容也得到美国的支持，美国希望保存一项其先前存在的 Bolar 例外。美国贸易代表的观点证实了这一点："我们的谈判者确保 TRIPS 允许 Bolar 例外的继续维持。"❷ 在美国联邦巡回上诉法院对 *Bolar* 案作出裁决之

---

❶ Draft agreement on trade – related aspects of intellectual property rights multilateral trade negotiations the Uruguay Round, MTN. GNG/NG11/W/68 [EB/OL]. (1999 – 03 – 29) [2020 – 01 – 16]. https：//ipmall. law. unh. edu/sites/default/files/hosted_resources/lipa/trips/W68. pdf.

❷ Letter from Michael Kantor to Alfred B. Engelberg [EB/OL]. (1997 – 01 – 01) [2020 – 01 – 13]. https：//www. wipo. int/edocs/mdocs/scp/en/scp_21/scp_21_ref_watal. pdf#：~：text = Letter% 20from% 20Michael% 20to% 20Alfred% 20B. % 20Engelberg%2C，effective% 20patent% 20term% 20before% 20and% 20after% 20legislative% 20changes.

后，美国 1984 年专利法中已经增加了"Bolar 例外"规定。

综上，加拿大认为其专利法关于法规审查例外的规定不与专利的正常开发相冲突，也不损害专利权人的合法利益，因为这些条款只有在专利期满后才影响专利权人的商业利益。因此，加拿大专利法与 TRIPS 第 30 条的"有限例外"规定一致。

二、专家组的分析与裁决

根据双方当事人的主张，专家组认为解决该案的核心问题是加拿大专利法规定的法规审查例外是否符合 TRIPS 第 30 条规定的条件，并对该问题进行了细致的分析。

（一）关于"有限例外"分析

专家组认为，加拿大专利法规定的法规审查例外是 TRIPS 第 30 条意义上的"有限例外"。法规审查例外的行为限于与药品法规审查程序要求一致的行为，这种行为尽管未得到权利人授权，但影响相对较小。为了证明药品生产的安全性，法规审查程序要求进行大量的生产测试，这种产品也不会损害专利所有人自己的权利，因为它们仅是为了法规审查的目的生产，制造最终产品并没有任何商业性的使用。对于加拿大提出的关于 TRIPS 第 30 条谈判历史支持加拿大专利法"法规审查例外"规定的说法，专家组没有给予明确的支持，认为没有书面证据可以证明这一结论。❶ 但专家组认为，如果没有规定法规审查例外，以允许竞争

---

❶ Report of the panel of Canada – patent protection of pharmaceutical products, World Trade Organization，WT/DS114/R，para 7.47 ［EB/OL］．（2000 - 03 - 17）［2020 - 03 - 28］．http：//www. un. org/law/ilc/index. htm.

者在专利有效期间申请药品法规审批，专利权人就可能延长对市
场的独占期间。

（二）关于"正常利用"分析

TRIPS 第 30 条规定的第 2 项条件是，成员规定的例外不能
与专利的正常利用相冲突。专家组认为，第 30 条中的"利用"
是指专利权人实施专利权并从专利权中获取经济价值的商业行
为，"正常"一词定义了第 30 条旨在保护的商业行为的种类。专
利权人的正常利用行为，就是排除可能损害专利权市场排他性所
带来预期经济回报的各种形式竞争。专利实施的特定形式不是固
定不变的，而是随着市场习惯的演化和技术的发展而不断适应变
化，对所有正常利用行为的保护是专利法的核心要素。❶专利权
人因为市场审批程序而得到的专利有效期间之后的事实垄断期
间，不是专利法赋予的期间，在该期间内的利用，也不能视为
"正常利用"。因此，专家组认为，加拿大专利法第 55.2（1）条
的规定，也没有与 TRIPS 第 30 条意义上的专利权人"正常利用"
相冲突。

（三）关于"合法利益"分析

TRIPS 第 30 条规定的第 3 项条件是，成员规定的例外不能
损害专利权人的合法利益，并要考虑第三方的合法利益。专家组
认为这一问题与第二个问题的分析比较近似，如果允许专利权人
阻止专利有效期间的潜在竞争者申请上市法规审批，专利权人取
得的是专利期间外的期间，而"法规审查例外"消除的是这一

---

❶ Canada – patent protection of pharmaceutical products，para 7. 55.

额外期间。从 TRIPS 的谈判过程看，并没有对"合法利益"作出进一步的界定。最终专家组认为，因为市场审批延迟而降低专利权市场独占期间的利益诉求，并没有被广泛认可为 TRIPS 第30 条意义上的"合法利益"。这一解释对于一般意义的法规审查例外非常重要，专家组在 TRIPS 谈判过程中显然也注意到了这一问题，但没有对此予以清晰明确阐述的谈判历史记录。这一问题显然是尚未解决的有政治争论的规范性政策问题，TRIPS 第30条中的"合法利益"概念不应该用于解决这一问题。[1] 因此，专家组认为，加拿大专利法第55.2（1）条中的规定不损害 TRIPS第 30 条规定的专利权人的"合法利益"。

加拿大药品专利保护案的专家组对于加拿大专利法第55.2（1）条"法规审查例外"作出的最后裁决是，加拿大专利法第55.2（1）条与 TRIPS 第 27.1 条、第 28.1 条规定承担的义务一致，并不违背 TRIPS 第 30 条的规定。

三、加拿大药品专利保护案的国际影响

专家组对加拿大药品专利保护案作出裁决的时间是 2000 年 3月，这一时间正是非洲暴发公共健康危机并引起全球关注的时期，也是《多哈宣言》形成时期。国际社会开始在知识产权与公共健康之间进行权衡，世界卫生组织也鼓励通过促进利用仿制药的法律措施来保护公众健康，其鼓励成员在国际条约，包括贸易协定中探索相关解决方案。在这种背景下，全球对公共健康的

---

[1] Canada – patent protection of pharmaceutical products，para 7. 82.

重视，为加拿大就"法规审查例外"这一焦点问题赢得世界贸易组织案件胜诉增加了砝码。

　　加拿大药品专利保护案背后体现的是药品领域不同国家之间的利益之争。加拿大成功利用 TRIPS 第 8 条有关公共健康与禁止知识产权滥用的原则性规定，配合全球呼吁公共健康的国际浪潮，有力支持了本国专利法规定的"法规审查例外"在世界贸易组织的合法性诉求。TRIPS 第 8 条要求各成员在制定或修改其法律和法规时，采用对保护公共健康、促进对其社会经济和技术发展至关重要部门的公共利益所必需的措施。正如加拿大在案件答辩所提出的，专利药品价格很大程度上是因为专利权人试图通过专利授予的独家销售权收回高昂的开发成本，这笔费用对公共健康系统产生了不利影响，因为用于支付处方药垄断价格的资金导致其他健康领域的药品匮乏。在专利保护期间，如果没有某种形式的政府干预，专利所有者就可能为药物收取垄断价格，为国家公共健康预算施加压力。这一成本将导致获取药品出现困境，这种困境会进一步延续到专利到期后的市场，除非采用促进仿制药竞争降低成本的干预措施。❶

　　加拿大的论证得到了专家组的支持，药品的行政审批例外首次在国际层面得到了世界贸易组织专家组的认可。在加拿大药品专利保护案之后，很多原来域内没有关于药品行政审批例外规定的成员，在域内法中补充了此项关于专利权独占权的限制性规定。

---

❶　Canada – patent protection of pharmaceutical products，para 4. 21.

第三节 我国医药专利行政审批例外规定

一、我国药品行政审批例外的形成

2008 年，我国决定对《专利法》进行第三次修正。在这次修正中，正式引入了关于药品的行政审批例外，并得到广泛支持。这一方面是由于该例外在一些国家已有较为成熟的立法经验，另一方面是因为世界贸易组织在加拿大药品专利保护案中对这一例外给予的认可和支持。

据此，在国家知识产权局 2006 年 12 月 27 日提请国务院审议《〈专利法〉修正草案（送审稿）》中指出："根据现行专利法第 11 条的规定，即使他人针对专利药品提出的上市许可申请获得药品监管机构的批准，只要他在专利有效期内作出专利法第 11 条禁止的任何行为，专利权人均可以请求人民法院或者专利行政管理部门责令侵权人停止侵权行为并获得损失赔偿。根据我国现行专利法第 61 条的规定，在发生侵权行为时，专利权人还可以在起诉之前申请人民法院采取临时措施。因此，药品专利权人的权利不会因为药品上市审批而受到减损。"❶ 由于非权利人，即仿制药企业，制造、使用专利药品进行行政审批的行为并非为了在市场上进行销售谋利，而是为了验证药品的安全性、有效性，为专利到期后的药品销售进行准备，其实施药品专利的行为不视为专利侵权具有合理性。仿制药企业通过药品的行政审批

---

❶ 尹新天．中国专利法详解［M］．北京：知识产权出版社，2012：638.

后，可以使更多药品尽早进入市场，并降低药品的销售价格，也可以增强药品的可负担性和可及性。

二、我国药品专利行政审批例外的具体规定

我国在2008年《专利法》中作出了关于医药专利上市行政审批行为的侵权例外规定，尽管这种行为具有专利侵权的表观，但不视其为专利侵权行为。2020年《专利法》进行第四次修正，关于药品专利侵权"行政审批例外"的规定没有变化，主要表现在《专利法》第75条（5）项。

《专利法》第75条

有下列情形之一的，不视为侵犯专利权：

……

（5）为提供行政审批所需要的信息，制造、使用、进口专利药品或者专利医疗器械的，以及专门为其制造、进口专利药品或者专利医疗器械的。

《专利法》第75条（5）项中规定的"为提供行政审批所需要的信息"，就是指药品上市行政审批所需的信息。如果为了获取药品注册审批要求的试验数据等信息，制造、使用、进口专利药品或者专利医疗器械的行为，不被视为专利侵权。

第75条（5）项规定的"专门为其制造、进口专利药品或者专利医疗器械"的行为，是针对非申请行政审批主体而言，如果该主体不是药品注册审批的申请人，但专门为该申请人制造、进口专利药品或者专利医疗器械的行为，同样不视为专利侵权行为。

第八章

药品专利的审批期限
补偿及计算方法

第一节 药品专利期限补偿的立法现状

我国2020年在对《专利法》第四次修正中,补充规定了两种专利期限的补偿,即专利期限补偿和药品审批期限补偿。药品专利既涉及"药品"也涉及"专利",其也相应地能够在《专利法》中同时得到两种类型的期限补偿:一种是基于药品审批占用时间而给予的期限补偿,另一种是基于专利审查期间延长而给予的期限补偿。为了能够清晰加以区别,本章分别称这两种补偿为"药品审批期限补偿"和"一般专利权期限补偿"。基于药品上市行政审批的特殊性,药品专利的审批期限补偿机制相对更为复杂一些。

一、药品专利审批期限补偿的产生与发展

（一）药品专利期限补偿的产生原因:利益失衡

药品专利审批机制的存在,使药品专利权人的利益受到影

响。这种影响来自两个方面：一方面，由于专利药品的行政审批期间与专利独占期间会产生交叉，对专利有效期间产生占用；另一方面，仿制药企业可以利用药品行政审批例外提前进入药品市场竞争，药品专利权人的市场独占期间相应缩短。药品行政审批机制与药品行政审批专利侵权例外的结合，使药品专利权人处于相对不利地位。

专利药品行政审批期间的占用较为简单，药品专利权人申请并获得药品审批的期间依赖于药品临床试验的成功，其占用的期间因与专利有效期间存在交叉，导致药品专利有效期间被压缩。

药品行政审批例外的出现，则在事实上压缩了药品专利权人的市场独占期间。对于专利权人而言，如果没有药品行政审批例外，尽管药品行政审批的时间占用了药品专利权人的部分专利有效期间，但就与仿制药企业的竞争而言，药品专利权人的损失并不大。因为按照专利法对药品专利权人的独占保护，仿制药企业要等到药品专利有效期间届满后，才能开始制造药品并进行药品的注册审批。仿制药企业申请药品行政审批，必须实施药品专利的制造、使用行为，而在专利有效期间内不经权利人同意实施这些行为，将构成对药品专利的侵权行为。因此，药品专利权人在专利有效期间内遭受的药品行政审批期间，作为竞争者的仿制药企业也要遭受同样的期间。即使专利期间届满，其也要在经历药品注册审批期间后，才能生产、使用并销售该药品。基于药品行政审批例外的创设，仿制药企业可以为药品行政审批在专利期间届满之前生产并销售仿制药品，并不被视为专利侵权。仿制药可以在专利期间届满后立即进入市场，打破了专利权人在专利期间届满后依然垄断药品市场的现状。可见，药品行政审批例外虽然可以使仿制药尽早进入市场，也在一定程度上造成了对专利权人利益保护的失衡。

作为平衡机制，美国在创设药品行政审批例外的同时，也规定了药品专利的审批期限补偿。我国在 2020 年《专利法》修正后，正式引入药品专利审批期限补偿。药品专利审批期限补偿是指为补偿新药上市审评审批占用的时间，对药品专利有效期间进行延长的法律机制。药品专利审批期限补偿的目的是确保专利药品可以在市场上享有足够的专利保护期间，也是为了实现药品专利权人与仿制药企业之间的利益平衡。

（二）药品专利审批期限补偿的国外起源与发展

药品专利审批期限补偿最早与 Bolar 例外同时在 1984 年美国 Hatch-Waxman 法案中建立，两者共同构成一个平衡机制。药品专利审批期限补偿在利用 Bolar 例外促进仿制药市场发展的同时，也通过延长药品专利期间激励药品创新。Bolar 例外的确立促进了仿制药的竞争，但也使得药品专利权人因药品注册申请占用专利独占期间，而损失了足够的专利保护期间。药品专利审批期限补偿机制对受影响的药品专利有效期进行补偿，对专利权人合法利益保护进行了平衡。按照 Hatch-Waxman 法案，可以申请专利审批期限补偿的药品专利是有限定范围的，即只有对于美国 FDA 审批的药品和医疗设备专利，才可以申请专利期限补偿。专利期限的延长申请必须在药品获得美国 FDA 批准之后的 60 天内提出，补偿期间最多不会超过 5 年，且专利延长期限与完成监管审查后剩余专利期限的总和不超过 14 年。在美国之后，一些国家在本国专利法中也建立了专利期限补偿机制。目前，全世界约有 46 个国家和地区以不同方式实施了药品专利的保护期补偿

制度。❶

　　与美国药品专利审批期限补偿相比，欧盟的相关机制较为特殊。1992 年，欧盟通过关于创建药品补充保护证书的欧洲共同体理事会条例［Council Regulation（EEC）No 1768/92 of 18 June 1992 concerning the creation of a supplementary protection certificate for medicinal products］，并在 1993 年 1 月 2 日正式生效。在该条例中，欧盟通过补充保护证书（supplementary protection certificate，SPC）引入专利期限延长，以补偿药品在获得市场审批过程中失去的专利保护时间。补充保护证书只有在特定的欧盟成员国可以适用，可将国家或欧盟监管机构授权药品专利的基本法律效力延长 5 年。授权补充保护证书的目的在于补偿药品获准进入欧盟市场之前，因冗长的强制性检测和临床试验而导致的有效专利保护"损失"。❷ 与美国一样，补充保护证书也以获得药品已经上市许可为条件。该条例 2009 年被欧洲共同体修改，并重新编号为第 469/2009 号欧洲共同体理事会条例，但关于专利保护期限延长的核心内容并未修改。为了完善 2023 年生效的欧洲统一专利（unitary patent，UP）制度，欧盟委员会同年发布了针对医药产品引入统一专利补充保护证书（uSPC）制度的提案。欧洲统一专利就是在欧盟具有统一法律效果的专利，是根据《欧洲专利公约》授予的欧

---

　　❶　程永顺，吴莉娟.《专利法》中的药品保护研究［M］. 北京：法律出版社，2021：222.

　　❷　European Commission，Proposal for a Regulation of the European Parliament and of the Council：Amending Regulation（EC）No 469/2009 concerning the supplementary protection certificate for medicinal products，Brussels，28.5.2018.

洲专利。❶ 该提案提出了对现行第 469/2009 号条例的修订。根据该提案，统一专利补充保护证书必须基于欧洲药品管理局颁发的集中上市许可，并且它将与统一专利具有相同的成员地域范围。统一专利补充保护证书将由欧盟知识产权局内新的补充保护证书部门进行审查，并受欧盟法院（the Court of Justice of the European Union，CJEU）管辖。❷ 欧盟利用药品专利审批期限补偿机制的目的就是，在欧盟范围内对相关药品专利期限给予补偿，并增强欧盟药品专利在全球的竞争力。

二、我国药品专利期限补偿的法律规定

2008 年我国在对《专利法》进行第三次修正时，规定了药品专利行政审批例外。仿制药企业在专利有效期间内为提交药品行政审批信息实施药品专利，不再构成专利侵权。但 2008 年修正《专利法》时，我国只引入了药品专利的行政审批例外，并没有同时纳入药品专利有效期限补偿机制。随着我国医药产业的不断发展，医药领域的科技创新的激励需求逐步显现，《专利法》要对药品专利权人的法律利益提供更加充分的保护。2020 年，我国在对《专利法》进行第四次修正中，增加了关于药品

---

❶ European Commission, Commission Staff Working Document Evaluation of the Regulation（EC）No 469/2009 of the European Parliament and of the Council concerning the supplementary protection certificate for medicinal products, and Regulation（EC）No 1610/96 of the European Parliament and of the Council concerning the creation of a supplementary protection certificate for plant protection products. SWD（2020）293 final. Brussels, 25. 11. 2020.

❷ CREEMER O J, GARNER S. Proposed supplementary protection certificate legislation for medicinal products［J/OL］. Pharmaceutical Patent Analyst, 2023, 12（6）［2024 – 05 – 24］. https：//www. tandfonline. com/doi/full/10. 4155/ppa – 2023 – 0031.

专利审批期限的补偿机制。

我国有关药品专利审批期限补偿的法律规定体现在《专利法》第42条第3款。

《专利法》第42条第3款

为补偿新药上市审评审批占用的时间，对在中国获得上市许可的新药相关发明专利，国务院专利行政部门应专利权人的请求给予专利权期限补偿。补偿期限不超过五年，新药批准上市后总有效专利权期限不超过十四年。

自此，我国正式确立对新药相关发明的专利审批期限补偿。该机制的建立可以在推动药品可负担性的同时，加强对专利权人排他权的保护，并进一步激励原研药创新。2023年，新修订的《专利法实施细则》对新药发明专利期限补偿的具体计算方法、适用范围和适用条件进行了进一步的明确规定。

《专利法实施细则》第82条

依照专利法第四十二条第三款的规定给予专利权期限补偿的，补偿期限按照该专利申请日至该新药在中国获得上市许可之日的间隔天数减去5年，在符合专利法第四十二条第三款规定的基础上确定。

三、国际条约关于药品专利审批补偿期限的规定

（一）TRIPS关于专利保护期间的规定

各成员专利独占保护期间的规定要与TRIPS的最低要求保持一致。按照TRIPS第33条规定，专利可获得的保护期间，不应在其自申请之日起计算的20年期满前终止，各成员的发明专利

保护期间一般均为 20 年。

TRIPS 中并未对药品专利审批期限作出特别的补偿性规定，因此，药品专利审批期限补偿不是世界贸易组织成员的普遍性规定。对药品专利审批期间的补偿，使得对药品专利的保护超出 20 年期间，这一规定符合 TRIPS 的最低保护标准要求。此外，TRIPS 第 62 条第 2 款中规定，如果知识产权的取得取决于该权利的给予或注册，则各成员应保证，给予或注册的程序在遵守取得该权利的实质性条件的前提下，允许在一合理期限内给予或注册该权利，以避免无根据地缩短保护期限。这一规定也可以作为药品专利审批期限补偿规定的国际法依据，但这一规定的适用显然更具灵活性。

为了扩大药品专利审批补偿期限机制在全球范围内的适用，一些国家在 TRIPS 后期缔结的双边或多边自由贸易协定中，在协定的知识产权部分加入了关于药品专利审批补偿期限的规定，以使更多的成员接受该机制。

（二）自由贸易协定中药品专利审批补偿期限的表现

规定药品专利审批补偿期限的自由贸易协定，主要是以美国和欧盟为中心与其他国家订立的协定，因有相对固定的规范内容，相应的自由贸易协定也可以被称为"美国类型"和"欧盟类型"。但由于此类规定分散在不同的双边或多边自由贸易协定之中，具体规定的形式有所不同。

1. "美国类型"自由贸易协定的代表：美国－韩国自由贸易协定的期限补偿

以美国为核心缔结的自由贸易协定一般将有关药品等特殊产品的专利保护期间的调整与其他措施，例如试验数据独占保护等并行适用。因此，有的协定不单独规定该种类型的期间调整，有的协定尽管规定了此类专利保护期间调整，但不作固定期间的规定，美国 2012 年与韩国签订的自由贸易就是这种类型。

美国－韩国自由贸易协定有关药品专利期限补偿的规定主要体现在该协定第 18.8 条"专利"，依据该条规定，可以进行期限补偿的专利是在缔约方境内已经获准上市的涵盖新药品的专利，以及已经获准上市的制造、使用新药品的方法。期限补偿应当由专利所有人请求，对涉及新药品、批准使用的方法或制造产品方法的专利权期限进行调整。期限补偿的目的是补偿在该缔约方境内由于药品首次商业利用上市审批造成的专利所有人有效专利期间的不合理缩短。可以请求期限补偿的对象包含适用于该产品以及批准产品使用方法原始发布专利中所主张产品、使用方法或制造方法专利的所有独占权利。美国－韩国自由贸易协定规定了应当给予上市审批期限的补偿，但并未规定具体应当进行补偿的固定期间。

2. "欧盟类型"自由贸易协定的代表：欧盟－韩国自由贸易协定的期限补偿

与专利审查程序对专利保护期间延长的态度不同，以欧盟为核心缔结的自由贸易协定，规定了因上市审批程序对专利保护期间的调整，且规定了明确的固定保护期间。为了更具有可比性，笔者依然选择韩国作为协定的另一缔约方，即欧盟与韩国缔结的自由贸易协定。欧盟与韩国自由贸易协定关于专利期限补偿的规定体现在该协定的第 10.35 条"专利授予权利保护期间的延长"。按照该条规定："应专利所有人的请求，各缔约方应规定专利授予权利保护期间的延长，以补偿专利所有人由于产品首次授权进入相关市场造成的专利有效期间减少。所授予权利的专利保护期间延长不超过 5 年。"

从专利保护期间的后期发展看，以美国和欧盟为代表的国家在不断推动对专利独占期间的调整。专利审查造成的不合理迟延及市场审批程序造成的专利独占期间缩短，会对专利权人的利益造成一定的损害。但由于各国专利审查能力的特殊性和差异性，目前并未在国际范围内形成统一性规范。因此，有关专利期间的调整应根据各国具体审查能力进行规定。

第二节　药品专利审批期限的补偿条件

药品专利审批期限补偿是我国在 2020 年《专利法》修正中新增设的机制，此后在 2023 年修订的《专利法实施细则》及《专利审查指南 2023》中均进行了相应的规定，并同时于 2024 年 1 月 20 日施行。专利权人请求药品专利审批期限补偿，需要满足法律规定的特定条件。药品专利审批期限补偿必须由权利人请求提出，尽管所有获得上市许可的药品专利，都有资格请求因药品行政审批而被占用的期限补偿，但药品专利审批期间的补偿不是自动的。若要获得专利期间的补偿，专利权人必须向国务院专利行政部门提出申请，国务院专利行政部门应请求进行审查，并决定是否给予专利权期限补偿。除当事人请求及法定期限条件之外，还应当满足适用对象、主体等其他补偿条件。

一、适用对象：新药相关发明专利

我国规定药品专利期限补偿的目的是补偿新药上市审评审批

占用的时间，因此补偿适用的对象只能是新药相关发明专利。此处的核心概念是"新药"。《专利法实施细则》对"新药相关发明专利"进行了进一步的界定，是指符合规定的新药产品专利、制备方法专利、医药用途专利。但《专利法》和《专利法实施细则》中并没有对"新药"的具体含义进行规定，规定专利法对"新药"这一专业术语的界定应遵循国务院药品监督管理机构的相应规定。目前，新药界定的法规包括 2020 年公布的《药品注册管理办法》及 2019 年修订的《药品管理法实施条例》等。

在医药领域，关于"新药"的界定存在不同的标准，也经历了不断发展的过程。1985 年我国对新药的界定是："新药系指我国未生产过的药品"。2002 年《药品管理法实施条例》修订后，将新药界定为"未曾在中国境内上市销售的药品"。从在我国"未生产过"到"未上市销售过"，缩小了认定新药的范围，排除了在我国未生产但销售过的药品。2015 年国务院印发《国务院关于改革药品医疗器械审评审批制度的意见》，该意见中提出提高药品审批标准，将新药由"未曾在中国境内上市销售的药品"调整为"未在中国境内外上市销售的药品"的工作任务。由此可见，我国还会进一步提高新药界定的标准。从药品审批角度，我国对新药的界定采取了"上市销售"标准，从市场角度划分并管理新药类型。

2020 年 1 月 22 日，国家市场监督管理总局发布《药品注册管理办法》，该办法将药品分为中药、化学药和生物制品。其中，中药包括中药创新药、中药改良型新药、古代经典名方中药复方制剂、同名同方药等；化学药包括化学药创新药、化学药改良型新药、仿制药等；生物制品包括生物制品创新药、生物制品改良型新药、已上市生物制品（含生物类似药）等。该办法采用了药品"研发创新"标准对新药的不同类型进行了划分，这一标准与专利法的目标是一致的。《专利审查指南2023》第五部分第九章第3.4节关于药品专利权期限补偿适用范围规定，创新药和改良型新药的含义依照有关法律法规并按照国务院药品监督管理部门的相关规定确定。《专利审查指南2023》列举了5种改良型新药：①化学药品第2.1类中对已知活性成分成酯，或者对已知活性成分成盐的药品；②化学药品第2.4类，即含有已知活性成分的新适应证的药品；③预防用生物制品第2.2类中对疫苗菌毒种改进的疫苗；④治疗用生物制品第2.2类中增加新适应证的生物制品；⑤中药第2.3类，即增加功能主治的中药。

中药与化学药、生物制品的分类标准不完全相同，按照中药创新药、中药改良型新药、古代经典名方中药复方制剂、同名同方药等进行分类，属于第1类的中药创新药系指"处方未在国家药品标准、药品注册标准及国家中医药主管部门发布的《古代经典名方目录》中收载，具有临床价值，且未在境外上市的中药新处方制剂"。❶

二、提出请求的主体：专利权人

可以提出药品专利期限补偿的主体是药品专利权人。因为专利权人是药品专利的财产所有权人，专利期限的补偿实际是对专

---

❶ 国家知识产权局.《专利审查指南》（2023）修改解读（二）：专利权期限的补偿［EB/OL］.（2024－01－24）［2024－05－24］. http：//www.ipwq.cn/ipwqnew/show－7841. html.

利财产权的一种实质性处分，只能依据财产所有权人的意思表示进行。但需要注意的是，如果专利权人不是药品的上市许可持有人，只有取得药品上市许可持有人的书面同意后，才能提出补偿请求。因此，在专利权人请求进行专利权期限补偿时，如果专利权人与药品上市许可持有人不一致，国家知识产权局还会要求请求人提交药品上市许可持有人的书面同意书等证明材料。

三、专利权的有效法律状态

在请求对药品专利审批期限进行补偿时，请求的专利权应当处于有效的法律状态，且专利授权的公告时间要早于药品获得上市许可之日。确立药品专利审批期限补偿机制的主要目的是补偿在药品上市许可行政审批过程中被占用的专利有效期限。只有在药品上市审批通过之后，才能准确计算出药品专利在行政审批过程中实际损失的专利保护时间，并据此进行合理的专利期限补偿。因此，只有药品获得上市许可后，专利权人才能申请药品专利审批期限的补偿。此外，要求公告时间早于药品获得上市许可时间的目的是，保证所给予药品专利补偿的期限是发生在专利有效期间内。

四、专利权利要求：新药相关技术方案

专利权人请求药品专利审批期限补偿，需要提交专利权利要求包括新药相关技术方案的证明，这也是《专利法实施细则》第83条的要求。按照第83条的规定，"新药相关发明专利在专利权期限补偿期间，该专利的保护范围限于该新药及其经批准的适应症相关技术方案"。作出该要求的原因是确保新药获批的技

术方案在专利权保护范围之内，药品专利权人享有的权利和承担的义务与专利权期限补偿前相同。换言之，如果新药获批的技术方案不在药品专利权保护范围之内，无论该新药行政审批程序花费了多长时间，都与《专利法》所保护的药品专利没有关系，自然也不会进行药品专利期限补偿。在判断专利权利要求是否包括新药相关技术方案时，要按照在专利审查程序中的理解和解释权利要求的一般原则进行，分析并确定专利权的保护范围。

因此，在审查是否给予一项药品专利审批期限补偿时，一般会经历三个必要步骤：首先，确定申请期限补偿的药品属于我国法律界定的"新药"；其次，确定该新药所使用的相关技术方案；最后，对新药相关技术方案与药品专利的权利要求进行比对，确保该技术方案在专利权保护范围之内。

除以上四项补偿条件以外，《专利法实施细则》还规定，一个药品同时存在多项专利的，专利权人只能请求对其中一项专利给予药品专利权期限补偿。同时，当一项专利同时涉及多个药品时，也只能对一个药品提出药品专利权期限补偿请求。举例说明，如果 A 药品中包含多项专利，申请人仅能就 A 药品所包含的一项专利申请药品专利审批期限补偿；如果 B 专利被用于制造多种药品，则申请人只能选择一种药品进行补偿。

第三节　药品专利审批补偿期限的具体计算

药品专利权人既有可能得到药品专利审批期限的补偿，又有机会得到专利权的一般期限补偿。在申请相应的期限补偿时，药品专利权的一般期限补偿也会影响审批补偿期限的总有效期间。

因此，在掌握药品专利审批期限补偿的具体计算方法时，也应当对一般专利权期限补偿及其计算方式有所了解。在掌握专利权期限补偿具体计算方法之前，应当先了解《专利审查指南2023》关于期限计算的一般原则性规定。

一、期限计算的一般原则

（一）期限的种类

在发明专利的审查及授权程序中，会涉及很多关于期限的规定。这些期限大致可以分为两大类别，一类是法定期限，另一类是指定期限。

法定期限是在《专利法》及《专利法实施细则》中进行了明确规定的期限。例如《专利法》第35条中明确规定："发明专利申请自申请日起三年内，国务院专利行政部门可以根据申请人随时提出的请求，对其申请进行实质审查。"该法条中关于申请人请求国务院专利行政部门进行实质审查的3年的期限规定，属于法定期限。

指定期限是指专利审查员在根据《专利法》及《专利法实施细则》作出的各项通知中，规定申请人（或专利权人）、其他当事人作出答复或者进行某种行为的期限。❶例如按照法律规定，专利申请人向国务院专利行政部门提交的专利申请相关文件必须使用中文制成，如果申请人提交的一些证明文件是外文文件，国务院专利行政部门可以要求当事人提交该外文文件的中文译文。专利审查员要求当事人提交中文译文的这个期限在《专利

---

❶　国家知识产权局．专利审查指南2023［M］．北京：知识产权出版社，2024：515.

法》及《专利法实施细则》中并没有明确规定，而是由国务院专利行政部门依法指定，这种期限属于指定期限。指定期限一般为 2 个月，在发明专利申请的实质审查程序中，申请人答复第一次审查意见通知书和外观设计国际申请的驳回通知答复期限是 4 个月。对于较为简单的行为，也可以给予 1 个月或更短的期限。❶

（二）期限的具体计算

1. 期限起算

期限起算的当日一般不计算在期限之日，而是从起算日的下一天开始计算。例如一般专利权期限计算的起算日之一是"发明专利申请日"起满 4 年，假定该发明专利申请日是 2024 年 1 月 3 日，则期限起算从 1 月 4 日开始计算。

2. 期限届满

如果期限届满是以"年"或"月"进行规定的，则期限届满日是与期限起算日对应的规定期限届满的最后一月的相应日期。如果没有对应的日期，期限届满日就是该月的最后一日。同样以一般专利权期限计算的"发明专利申请日起满 4 年"为例，该发明专利申请日是 2024 年 1 月 3 日，其期限届满日就是 2028 年的 1 月 3 日。如果期限届满日是法定假日或者是移用周休息日，则届满日是休息日之后的第一个工作日。

二、药品专利权的一般期限补偿及其计算

发明专利的 20 年法定保护期间自申请日起算，但具有实质

---

❶ 国家知识产权局. 专利审查指南 2023 ［M］. 北京：知识产权出版社，2024：515.

意义的排他专利权是在专利公告之日起有效，在发明申请后专利权公告日以前，专利技术可以得到临时保护。临时保护意味着，在该期间专利申请人无排他权，无法阻止他人实施其正在申请专利的技术。只有在得到专利授权后，才能要求技术实施者支付该期间的技术使用费。对发明专利申请进行实质审查授权的期间就包含在临时保护期间之内，专利审查的期间越长，专利权人能够拥有的法定独占保护期间越短。目前，世界各国日益重视专利技术对本国综合实力的影响，通过国内立法加强对于专利的保护与激励。专利申请的大量涌现为各国专利审查机构带来了较大的审查压力，加之不同国家面临的各种不同问题，一项发明从申请到专利授权往往需要数年的时间。为此，一些国家国内法规定对因审查延误造成的专利权法定期间缩短进行补偿。

（一）我国专利权期限补偿的计算

我国在 2020 年《专利法》第四次修正中补充了关于专利权期限补偿的规定。按照《专利法》第 42 条第 2 款规定："自发明专利申请日起满四年，且自实质审查请求之日起满三年后授予发明专利权的，国务院专利行政部门应专利权人的请求，就发明专利在授权过程中的不合理延迟给予专利权期限补偿，但由申请人引起的不合理延迟除外。"可见，我国专利权期限补偿主要是对发明专利授权过程中的不合理迟延给予的补偿。

1. 提出期限补偿的时间

如果发明专利在申请之日起满 4 年，或者在申请人提出实质审查请求之日起满 3 年，专利权还没有得到授权的，专利权人可以就此后产生的迟延要求期限补偿。专利权人提出期限补偿，要在专利授权公告之日的 3 个月内向国务院专利行政部门提出。

2. 期限补偿的具体计算

给予专利权人补偿的期限是发明专利在授权过程不合理延迟的实际天数。按照《专利法实施细则》的规定，专利权人可以要求补偿的期间计算是自发明专利申请日起满4年且自实质审查请求之日起满3年之日至公告授予专利权之日的间隔天数，减去合理延迟的天数和由申请人引起的不合理延迟的天数。

（二）"合理延迟"和"不合理延迟"的界定

根据期限补偿的计算公式，在计算可进行专利权补偿的一般期限时，还需要减去合理延迟和由申请人引起的不合理延迟期间。这就要求法律对"合理延迟"和"不合理延迟"加以界定。

"合理延迟"主要包括复审程序中修改文件和中止程序、保全措施及其他合理情形造成的延迟。在专利权人提出专利申请后，行政部门可能作出驳回申请的决定，如果申请人对驳回决定不服，可以提出复审。请求人在复审程序中，可以按照《专利法》的规定对专利申请文件进行修改。此外，在专利申请权归属发生纠纷时，当事人也可以请求专利行政部门中止有关程序，包括暂停专利申请的初步审查、实质审查等，也可以请求人民法院对纠纷进行裁定，法院在审理案件中也可能对专利申请权采取保全措施。所有这些情形产生的专利授权延迟都属于法律规定的合理延迟。

"不合理延迟"主要指因申请人原因造成的不合理延迟。按照《专利法实施细则》的规定，《专利审查指南2023》第五部分第九章第2.2.2节中列举了由申请人引起不合理延迟的五种具体情形。❶

---

❶ 国家知识产权局. 专利审查指南2023［M］. 北京：知识产权出版社，2024：541.

第一，申请人没有在指定期限内答复国务院专利行政部门发出的通知。延迟的天数是该指定期限届满之日起到实际提交答复之日止。

第二，申请延迟审查。按照《专利法》的规定，发明专利的申请人在提起专利申请之日的3年内，可以随时提出进行实质审查的请求。同时，我国国务院专利行政部门也可以自行对发明专利的申请进行实质审查。在后一种情况下，专利申请人可以请求对专利申请延迟审查。实际延迟审查的天数就是需要减去的不合理延迟期间。

第三，援引加入引起的延迟。《专利审查指南》在2023年的修订中增加了援引加入原则（doctrine of incorporation by reference）。援引加入的含义是指在现有文件中以援引的方式并入之前已有文件中的特定内容，这一概念最早在合同法领域适用，之后也开始在专利法领域应用。世界知识产权组织在《专利合作条约实施细则》（Regulations under Patent Cooperation Treaty）中较早规定了援引加入原则，按照该细则第4.18条的规定，申请人可以在规定的期限内，通过援引加入的方式将遗漏的项目或部分加入该国际申请中，且不改变国际申请日。也就是说，如果发明专利申请人在向国际局提交国际申请时，文件中遗漏了部分内容，在规定的期限内，以援引的方式将遗漏的这部分内容并入现有的国际申请之中。我国早期没有引入这一原则，对该细则的该条内容进行了保留。根据我国2023年第三次修订的《专利法实施细则》，发明专利申请中如果缺少或者错误提交了权利要求书、说明书、权利要求书或说明书的部分内容，而且申请人要求了优先权，可以在首次递交专利申请时提出援引声明，在指定的期限内援引在先的申请文件。由于缺少或者错误提交专利申请文件归因于申请人自身，援引加入引起的延迟便不应当计算在专利补偿期限之内。

第四，请求恢复权利引起的延迟。申请人可能因延误国务院专利行政部门指定的期限而导致权利丧失，如果这种延误是由于不可抗力引起，申请人可以在障碍消除之日起的 2 个月内请求恢复权利。这种延迟也不包含在期限补偿范围之内，减去的延迟天数从原期限届满之日起到恢复权利的请求被恢复通知之日为止。

第五，申请人办理进入我国国家阶段的国际申请，因申请人未要求提前处理造成的延迟。

（三）自由贸易协定中的专利权期限补偿

一些国家很早便在本国缔结的双边自由贸易协定中尝试推进延长专利期限的规定，以求在更大程度上保护本国专利权人的利益，使权利人享有的专利权保护期限免受因专利审查程序延迟带来的不确定性，典型的代表国家为美国。

美国的专利权期限补偿主要规定在专利、商标及版权联邦法规（Code of Federal Regulations Patents, Trademarks, and Copyrights）第 37 编，较早在自由贸易协定中规定专利审查程序延迟需要延长专利保护期限是在 2004 年缔结的美国－智利双边自由贸易协定知识产权章中。按照美国－智利自由贸易协定知识产权章第 17.9 条的规定，"各缔约方应规定，应专利权所有人的请求，对专利权期间进行调整，以补偿在专利授权过程中发生的不合理迟延。基于本款之目的，不合理迟延是指在缔约方自专利申请之日起到专利授权公布超过 5 年形成的迟延，或者自对专利申请进行实质审查请求后 3 年形成的迟延，以居后者为准，如果该期间的延迟是由于专利申请人行为造成，则不包含在此期间之内。"该协定规定了如果缔约方在进行专利审查过程中存在过分延长的情形，应当对专利权人给予专利独占期间补偿，并分别列出了两种计算方法，一种是专利审查程序自专利申请之日起到专利授权公布超过5年，另一种是自专利申请人请求进行实质审查之日起超过3年。对于这些期间之后形成的迟延，应当延长专利权人的保护期间。美国在之后的双边及区域自由贸易协定中规定了类似的条款，要求贸易伙伴国予以接受。单从以美国为核心缔结的自由贸易协定发展来看，专利期间调整条款并没有太大变化，变化主要表现在给予缔约国的固定专利审查期间的确定。在2012年美国与韩国缔结的自由贸易协定中，有关专利审查期间迟延规定为"自专利申请之日起到专利授权公布超过4年，或者自对专利申请进行实质审查请求后3年形成的迟延"。此后，在以美国为核心缔结的双边及区域自由贸易协定中始终保持了有关专利保护期间调整的规定。

三、药品专利行政审批与一般专利权期限补偿的区别

药品专利行政审批期限补偿与一般专利权期限补偿是两项独立的期限补偿，两者的交集是药品专利。只要符合各自要求的适用条件，两种期限补偿均可适用于药品专利。通过对比，我们可以更加清晰地了解药品专利行政审批期限补偿与一般专利权期限补偿的具体区别。

（一）适用对象不同

两种期限补偿具有各自的适用对象。一般专利权期限补偿适用对象的范围更广，是所有获得专利授权的发明专利；而药品专

利行政审批期限补偿则仅适用于获得上市许可的新药相关发明专利。可见，药品专利审批期限补偿的适用对象包含在一般专利权期限补偿适用范围之内，药品专利有机会获得两种期限补偿。

（二）期限补偿的原因不同

法律给予一般专利权期限补偿的原因是在发明专利授权过程中发生了不合理迟延，一般是指国家专利行政机构对审查周期的不合理延长。这种延迟并非由申请人原因产生，但会导致专利权独占期间被缩短；药品专利行政审批期限补偿的原因则是发生在专利有效期间之内的新药上市审评审批对专利独占期间的占用，目的是鼓励创新药的研发。因此，《专利法》规定，请求药品专利审批期限补偿，请求补偿的专利授权公告日应当早于药品上市许可申请获得批准之日。

（三）提出期限补偿的时间不同

按照《专利法实施细则》的规定，专利权人提出一般专利权期限补偿的，应当"自公告授予专利权之日起 3 个月内"向国务院专利行政部门提出，起算点是专利权公告之日；向国务院专利行政部门提出药品专利审批期限补偿的时间是自新药"在中国获得上市许可之日起 3 个月内"，起算点是包含利用发明专利生产的新药在中国境内取得上市许可之日。自起算点开始，两种期限补偿均是给予申请人 3 个月的期间提出申请。

（四）补偿的具体期限不同

一般专利权期限补偿的具体期间是"发明专利在授权过程中不合理延迟的实际天数"，是指自发明专利申请日起满 4 年且自实质审查请求之日起满 3 年之日至公告授予专利权之日的间隔天数，减去合理延迟的天数和由申请人引起的不合理延迟的天数；药品专利行政审批期限补偿的期限是"专利申请日至该新药在中国获得上市许可之日的间隔天数减去5年"，但补偿期限不超过5年，且新药批准上市后总有效专利权期限不超过14年。

两种期限补偿具有明显的区别，也有共同之处。两者的共同点都是对专利权被延误或占用的期限给予补偿，都必须由专利权人自己提出请求。尽管药品专利权人可以利用两种期限补偿机制，但如果新药发明专利权人同时提出两种期限补偿请求，其可以获得的总补偿期限要受到《专利法》第42条第3款关于新药上市后总有效专利权期限规定的限制。

【关于专利权期限补偿名称的补充说明】

在《专利法》及《专利法实施细则》中，将一般专利权期限补偿和药品专利的专利权期限补偿，均称为专利权期限补偿。我国的专利权期限补偿规定借鉴了国外，尤其是美国的相应立法规定。在我国确立专利权期限补偿后，一些文献中将我国相关规定与美国规定进行了对比，并依照美国的相关规定，将一般专利权期限补偿称为PTA（patent term adjustment），将药品专利的专利权期限补偿称为PTE（patent term extension）。但按照我国的立法本意，两种类型的期限补偿并不能直接等同于PTA或PTE。

在美国，PTA、PTE的确与我国确立的两种专利权期限补偿非常类似。PTA是专利期限调整，给所有专利因专利审查失误造成的期间予以补偿。PTE是专利期限延长，是对特定药品因上市审批占用时间给予的补偿。就名称而言，美国专利法使用了两个概念，一个是"调整"，另一个是"延长"，与我国使用的"补偿"含义相近的是"延长"。至于"调整"，显然与中文表达的"补偿"（或延长）相差较大。如果我们使用 PTA 代表一般专利权期限补偿，必然会产生理解上的混淆。此处，需要解释美国为什么将对一般专利权的审查延迟期限补偿称为"调整"而非"延长"呢？因为美国专利法对美国专利商标局（USPTO）的审查行为规定了固定的期间，如美国法典第 35 编第 154 条第（b）（1）（B）款规定，美国专利商标局要在 3 年内完成对专利申请的审查。如果美国专利商标局因为自身失误超出了这一固定期间，法律给予专利权人的不是补偿，而是对其本应享有专利独占期间的损失进行修正和调整。故而，美国法律对因审查失误给予的期间补偿称为专利期限调整（PTA）。

我国并未对专利审查作出固定期间的限定，因此使用"调整"这一概念，从法律上理解并不准确。但我国作出一般专利权期限补偿的规定后，仍然可以保障专利权人的合法利益。我们可以认为，一般专利期限补偿类似或相当于美国的 PTA，药品专利权期限补偿相当于 PTE，但认为两种名称完全等同是不准确的。

四、药品专利审批期限补偿的具体计算

按照《专利法实施细则》的规定，药品专利审批期限补偿请求要在新药在中国获得上市许可之日起的 3 个月内向国务院专利行政部门提出。新药专利权人具体能够得到的期限补偿要受到双重限制，即在不超过 5 年最高补偿期限的同时，新药批准上市后的总有效专利权期限还不能超过 14 年。

（一）专利补偿最长期限：5 年

药品专利审批期限补偿的具体期限应相当于新药为上市许可

进行审评审批所需要花费的时间。这一期间并不是很容易被确定，药品试验数据的取得可能占用不同的时间，在药品审评审批期间也可能出现多种复杂情形，有些期间的延迟是因为申请人自己的不作为或过错导致。《专利法》规定的药品专利补偿期限是不超过 5 年。也就是说，药品专利审批补偿期间计算得出的时间如果超过 5 年，给予药品专利补偿的期间最多只能为 5 年。《专利法实施细则》第 82 条明确了药品专利补偿期限的具体计算方法，即按照该专利申请日至该新药在中国获得上市许可之日的间隔天数减去 5 年。具体计算公式是：补偿期限＝药品上市许可之日－专利申请日－5 年。也就是说，如果药品上市许可之日减去专利申请日的天数在 5 年之内，该天数就是权利人实际得到的补偿期限。如果该天数超过 5 年，则补偿不得超过 5 年，补偿期限是法定的最长期限 5 年。

（二）总有效专利权期限：不超过 14 年

药品专利补偿期限的确立是为了补偿药品专利权因上市行政审批损失的期限，这就意味着，无论给予多长的补偿期限，都不能超过专利权人依据专利法原本能够享有的独占期间。因此，《专利法》在 5 年期限基础之上，增加了对药品专利补偿期限总有效专利权期限的二次限制，即药品专利期限补偿后，新药批准上市后的总有效专利权期限不能超过 14 年。

关于总有效专利权期限的具体确定，我们可以尝试运用"三步法"加以清晰说明，也就是将补偿期间的计算分解为以下三个步骤。

第一步，计算药品许可上市后，剩余的药品专利原始有效期限。这一期限的计算需要确定两项重要的时间节点，一是药品发明专利权的原始有效届满时间，即从专利申请日起 20 年期间；二是药品获得上市许可的时间。将药品专利权的期限届满时间减去药品获得上市许可的时间，就是药品专利依据《专利法》可以享有的剩余有效期间。

第二步，确定药品专利可以获得补偿的期限。需要注意的是，此处药品专利获得的补偿期限，既包括药品专利因行政审批补偿的期限，也包括药品专利因延迟审查取得的一般专利权期限补偿。这一期限的计算，可以按照前面的计算公式进行计算。

第三步，结合法律限定的期限，确定药品专利的总有效期限。将剩余药品专利原始有效期限加上药品专利获得的补偿期限后，计算药品专利可以适用的总有效期限，即专利剩余有效期限加上可以确定的药品专利补偿期限。由于法律限定的总有效期限是药品获得批准上市后不得超过 14 年，如果计算的总有效期限在该法律限定期限之内，则以实际计算的期限为准；如果超出法律限定的期限，则总有效期限只能确定为药品获得上市审批后起算的 14 年。

将以上三个步骤简化为计算公式，可以表示为：总有效专利权期限 = （药品专利期限届满之日 – 药品上市许可之日）＋一般专利权补偿期限＋药品专利审批补偿期限 ≤ 14 年。

（三）药品专利补偿期限计算的实例说明

药品专利补偿期限的确定具有双重限制：一是单独的药品专利行政审批补偿期限不能超过 5 年；二是药品专利得到补偿后的总有效期限不能超过 14 年。换言之，药品专利得到的补偿既不能超过 5 年的补偿期限，也要确保上市后的专利总有效期不超过 14 年。

我们可以举具体示例加以说明（为了更清晰说明药品专利补偿期间的计算，示例时间以"年"为单位）。

假定：A 药品专利在 2010 年提交专利申请，在 2016 年申请药品行政审批，2020 年获得药品上市批准。获得上市批准后，A 专利的权利人提出药品专利期限补偿申请。

根据设定的条件，我们可以按照"三步法"计算药品专利补偿期限。

第一步，计算 A 专利药品许可上市后，剩余的药品专利有效期间。首先确定 A 药品专利的原始有效届满期间，即从 2010 年至 2030 年届满；然后，确定专利药品的上市许可时间，即 2020 年。最后，用 2030 年减去 2020 年，可以计算得出 A 药品专利剩余的专利原始有效期间是 10 年。

第二步，确定 A 药品专利可以获得补偿的期限。药品专利 A 得到的药品行政审批期限补偿是专利申请日至药品获得上市许可之日的间隔天数减去 5 年，即从 2010 ~ 2020 年的间隔是 10 年，减去 5 年后，可以获得的药品审批期限补偿是 5 年。这一期间没有超过法律规定的 5 年，可以得到 5 年的满额补偿。假定 A 药品专利因审查延迟，还可以获得 2 年的一般专利权期限补偿。两者相加，药品专利 A 能够得到的期限补偿是 7 年。

如果 A 药品获得上市批准的时间是 2021 年，按照公式计算的结果是 6 年，但因为有 5 年期间的限定，A 药品专利的补偿期限依然是 5 年；如果 A 药品获得上市批准的时间是 2018 年，按照公式计算的结果为 3 年，则 A 药品专利享有的补偿期限为 3 年。

第三步，加上补偿期限计算可以享有的专利总有效期间。原始剩余有效期间 10 年，加上期限补偿得到的 7 年，共 17 年。该期间超过了法律限定的专利总有效期间。因此，A 药品专利能够享有的专利总有效期间不能超过 14 年，即 2034 年。

根据该示例可以看出，尽管 A 药品专利可以按照药品行政审批期限补偿，得到 5 年的期限补偿，但由于超过了《专利法》限定的专利总有效期间限制，最终实际只能获得 4 年的药品专利期限补偿。

第九章

国外药品专利链接制度

第一节　药品专利链接制度的产生

药品行政审批是药品管理法规范的重要内容，属于药品监督管理的范畴。目前，药品监督管理中与药品专利相关的主要制度涉及药品上市前的行政审批、上市后的药品集中带量采购和医保药品目录管理等。

药品行政审批旨在为公众提供安全、有效的药品，但是药品行政审批程序因药品类型和审批事项的不同而有所差异，通常新药的行政审批时间最长，仿制药的行政审批时间最短。其中的差异主要在于新药需要提供完整药品注册试验数据，包括临床前和临床试验的安全性和有效性数据，仿制药则仅需要对照新药进行一致性评价实验，临床试验数据则仅需提供参照新药的临床数据文献资料，这就导致仿制药在获得原研药的临床试验数据的情况下，可以更低的成本和更快的时间实现药品上市。

药品专利在法定保护期间内具有排他性，可以依法禁止任何组织或个人实施其药品专利技术。药品监督管理机构在审批相关药品时，也要确保仿制药的上市审批不会侵犯原研药的专利权。在专利保护期内，未经专利权人许可，其他企业不得生产、销售该药品，药品行政审批部门也不会批准相关仿制药的上市申请。如果仿制药在原研药专利有效期内申请上市，就可能被认定为侵权或推定与专利权人存在侵权纠纷，停止药品上市审批程序。实践中，药品专利侵权诉讼往往发生在仿制药已经通过审批并上市销售之后，为了满足公众用药的需求和避免浪费行政审批资源，药品监管机构并不会因药品专利纠纷作出撤销药品注册上市的相关行政决定，原研药企业仅能通过司法途径进行诉讼。由于诉讼成本很高而且周期较长，因此会增加原研药企业的负担，打击原研药企业的积极性。为此，在药品上市之前解决原研药企业和仿制药企业的利益冲突，特别是药品专利纠纷，需要建立专门的机制予以解决，这一机制就是药品专利链接机制。具体解决途径为，在药品申请上市之前，对相关的药品专利信息进行确认，明确该药品所涉及的专利是否有效、权利范围是否清晰等。通过确认仿制药不落入原研药相关专利保护范围，保障仿制药的研发和生产行为在专利法的框架内进行；或者是确保药品专利保护期届满后，仿制药企业才可以自由生产仿制药品并按照正常的审批程序申请药品上市，不再受到专利权的限制。

药品专利链接是指将仿制药的上市审批与原研药的专利法律状态链接，在专利到期之前不允许仿制药进行上市审批。美国1984 年的 Hatch-Waxman 法案首次引入了这一概念，该法通过将原研药的专利状态与药品行政审批链接，保护药品专利权人的利益。● 药品专利链接机制建立的目的就是，解决在药品行政审批程序中出现的仿制药申请人与药品专利权人之间的专利纠纷。在这种机制下，如果出现药品上市许可申请人与有关药品专利权人的纠纷，相关当事人可以向法院起诉，请求就申请注册的药品相关技术方案是否落入他人药品专利权保护范围作出判决。这一机制的建立既保护了药品专利权人的利益，也为药品上市许可申请人提供了一定的法律保障，确保原研药和仿制药上市后的所有活动都满足药品监管要求。

　　药品监督管理机构基于药品专利的法律状态，确定对仿制药申请上市的审批态度，药品管理法体系下专利相关规范的典型代表就是药品专利链接机制。美国最早建立了药品专利链接机制，目前一些国家和地区也已经实行了药品专利链接制度，本章主要介绍美国、加拿大及日本的专利链接制度。

第二节　美国药品专利链接制度

一、药品专利链接的起源：美国 Hatch-Waxman 法案

（一）Hatch-Waxman 法案的由来

美国是最早实施新药安全性和有效性审查的国家，特别是1962 年通过的科夫沃－哈里斯修正案，授权美国 FDA 对新药研发和产品生产的每一个步骤进行监管，但是也导致新药研发成本

● CORREA C M，HILTY R M. Access to medicines and vaccines：implementing flexibilities under intellectual property law ［M］. Springer Nature Switzerland AG, 2022：333.

显著增加，研发周期显著延长，大大减少新药研发所获得收益。同时，该修正案对仿制药也实施严格的审查，需要重新进行临床安全性和有效性评价。原研药企业和仿制药企业均遭受严重打击，使药品的价格一直居高不下，严重增加了政府的医疗保障负担，药品可及性得不到满足。由此可见，鼓励新药研发和促进仿制药生产以满足药品可及性之间需要进行一定的平衡，以减少政府医疗保障和公众用药负担。其中，药品专利在鼓励新药开发和加快仿制药生产方面发挥了至关重要的作用。为此，1984年，美国通过了药品价格竞争与专利期补偿法案，即 Hatch-Waxman 法案，该法案由代表原研药企业利益的哈奇和代表仿制药企业利益的韦克斯曼提出而得名。

这一法案通过延长药品专利期来弥补由于药品开发所失去的有效专利时间，同时通过加快仿制药上市来鼓励药品的价格竞争，在保障原研药收益和加快仿制药上市之间达成了一定的平衡，从而确保了合理的药价和药品的可及性，对美国乃至世界制药产业产生了深远的影响。

（二）Hatch-Waxman 法案的内容

Hatch-Waxman 法案的核心内容包括药品专利期限补偿、Bolar 例外、药品专利链接、仿制药简化申请等制度。其中，药品专利期限补偿侧重于保护原研药企业的合法权益，Bolar 例外、药品专利链接制度、仿制药简化申请侧重于鼓励仿制药加快上市。❶ 尽

---

❶ Congressional Reserch Service. The Hatch-Waxman Act: A Primer ［EB/OL］. （2016 – 09 – 28）［2024 – 08 – 20］. https：//crsreports. congress. gov/product/pdf/R/ R44643/3.

管药品试验数据独占的相关内容规定在美国联邦法规（CFR）第
314.108 条，但是其与新药申请和仿制药简化申请有密切关系，
也将在本节作简单介绍。

1. 药品专利期限补偿

药品专利期限补偿是通过延长专利保护期来补偿新药申请审
批中损失的专利保护期限，特别是补偿原研药企业自主研发新药
所进行的充分的临床试验研究投入，获得合理的专利保护。根据
Hatch-Waxman 法案，专利保护期延长是临床时间的 1/2 加上审
评的时间，专利保护期最长可延长至专利期届满之后的 5 年，且
不超过自药品上市之日起的 14 年。对于一项新药，只能针对一
项专利申请一次专利保护期延长。美国关于专利期限的调整主要
规定在美国专利法第 154 条和第 156 条，其中第 156 条规定了药
品专利期限补偿有关内容。

2. Bolar 例外

Bolar 例外源自 1983 年法院在 *Bolar* 案中的专利侵权决定，
是指仿制药企业在原研药专利期限届满前为了提交仿制药上市申
请所需要的试验数据而进行的与原研药相关的制造、使用、销
售、许诺销售或进口的行为。该例外规定旨在平衡原研药专利期
限变相延长和加快仿制药上市之间的矛盾。Bolar 例外是 Hatch-
Waxman 法案中最早确定的条款之一，也是推动 Hatch-Waxman
法案出台的标志性案件，其相关规定可参见美国专利法第 271
（e）（1）条。

3. 药品专利链接

药品专利链接是 Hatch-Waxman 法案的重要贡献之一，其规
定仿制药申请上市的行为拟制为专利侵权行为，将专利管理机构

与药品监管机构进行链接，在药品上市之前解决仿制药上市的潜在专利诉讼，避免药品上市审批资源浪费和药品可及性的不确定性。药品专利链接的实现主要基于药品对应专利信息和仿制药申请人的选择。针对仿制药申请人的选择，专利权人就可以向法院提起专利侵权诉讼；或者仿制药企业选择对药品专利提出专利挑战，如果专利挑战失败，则仿制药不允许上市。如果专利挑战成功，则仿制药可以上市。首家专利挑战成功并获得上市许可的仿制药企业还可以享有180天的市场独占期。

4. 仿制药简化申请

在 Hatch-Waxman 法案之前，美国 FDA 针对新药和仿制药均要求进行严格的上市审查，新药申请人和仿制药申请人重复进行药品安全性和有效性研究，造成仿制药很难上市和资源极大浪费。Hatch-Waxman 法案首次引入一种新类型的药品上市申请，即仿制药简化申请。该法案确立了仿制药申请的基础为生物等效性，仿制药申请人可以依据美国联邦食品、药品和化妆品法案第505（b）（2）条途径提交仿制药简化申请。由于仿制药企业在提交仿制药简化申请时，可通过搭便车的方式获得原研药企业的相关试验数据，而无须投入大量资金和智力劳动，因此，各国均对新药开发中的试验数据给予一定的独占保护。

药品试验数据是指原研药企业新药开发中通过临床前试验和临床试验获得的用于证明药品安全性和有效性的一系列试验数据。美国是最早对药品试验数据进行独占保护的国家，在 Hatch-Waxman 法案之前，新药和仿制药上市申请均须向美国 FDA 提交临床试验数据。在 Hatch-Waxman 法案出台后，仿制药企业在上市申请时无须提交证明药品安全性和有效性的试验数据。美国

FDA 对于不同类型的新药规定了不同的试验数据独占期。其中，新化学实体独占期为 5 年，孤儿药为 7 年，儿科用药为 6 个月，新剂型、新用途为 3 年，新生物制剂为 12 年，特需抗生素为 5 年。在药品试验数据保护期内，仿制药企不能依赖于该数据提出上市申请，美国 FDA 也不能依该数据对仿制药进行上市审批。

二、美国药品专利链接制度的具体规则

在 Hatch-Waxman 法案中，与药品专利链接制度相关的内容包括橘皮书、专利声明、专利挑战和首仿独占期等。❶

（一）橘皮书

Hatch-Waxman 法案规定，新药申请人提交上市申请时，需要将新药的信息登记在《经治疗等效性评价批准的药物手册》中，该手册因封面为橘色，也被称为"橘皮书"。除了药品的规格信息，需要登记的新药专利信息包括活性成分、配方、组合物和医药用途，但不包括制备工艺、代谢物、中间体、晶型等。美国 FDA 并不对登记在橘皮书中的专利与药品的相关性进行审查，这也导致仿制药申请人面临未登记在橘皮书上的专利侵权挑战。

（二）专利声明

在专利链接制度下，仿制药申请人申报仿制药简化申请的同时需要提交下述四种声明之一。

第 I 段声明：被仿原研药无专利登记在橘皮书中；

第 II 段声明：被仿原研药专利登记在橘皮书中，但该专利已

---

❶　程永顺，吴莉娟．探索药品专利链接制度［M］．北京：知识产权出版社，2019.

经到期届满；

第Ⅲ段声明：被仿原研药专利登记在橘皮书中且未过期，仿制药申请人等待专利到期后上市销售；

第Ⅳ段声明：被仿原研药专利被宣告无效，或仿制药未侵犯原研药专利。

对于提交前述第Ⅰ段和第Ⅱ段声明的仿制药申请，美国FDA将在审查其生物等效性后直接批准；对于提交第Ⅲ段声明的仿制药申请，美国FDA等待专利到期后予以批准。如果仿制药申请人提出第Ⅳ段声明，则启动专利挑战程序。

（三）专利挑战

如果仿制药申请人提出仿制药简化申请时提交了第Ⅳ段声明，则进入Hatch-Waxman法案规定的专利挑战程序。即仿制药申请人认为，未侵犯原研药专利或被宣告无效。美国专利法第271（e）（2）条规定了提交第Ⅳ段声明的专利侵权行为。该法案规定，美国FDA将仿制药简化申请信息通知原研药专利权人，专利权人收到通知后，需要在45日内决定是否起诉仿制药简化申请申请人侵权并通知美国FDA。如果在45日内，专利权人提起诉讼，法院在受理其诉讼后告知美国FDA。此时，美国FDA针对仿制药简化申请规定进入30个月的遏制期，在遏制期内，仿制药审评继续进行，但暂不批准上市，如果审评后仿制药合格，则予以暂时批准，但需等待法院进一步审理结果。基于法院判决，可能出现三种情况，第一种是判决登记药品专利无效或不侵权；第二种情况是判决登记药品专利侵权；第三种是30个月的遏制期满，法院仍未作出判决。

如果仿制药申请人专利挑战失败，仿制药申请人需重新修改专利申明，暂时不允许仿制药上市；若仿制药申请人胜诉，美国 FDA 即刻终止遏制期并批准仿制药上市。如果 30 个月遏制期届满法院未作出判决，美国 FDA 可发放临时许可允许仿制药暂时上市，在获得判决结果后决定转化为正式许可或撤销临时许可。

（四）首仿独占期

为了鼓励仿制药申请人积极挑战原研药专利，Hatch-Waxman 法案规定，首个进行原研药专利挑战成功并获得上市许可的仿制药申请人将享有 180 天的市场独占期，其间，美国 FDA 不再批准其他仿制药的上市申请。如果有多位仿制药申请人同时提交上市申请且专利挑战成功的，它们将共享 180 天的市场独占期。

该法案通过后的几年内，美国的仿制药申报数量迅速增长，特别是围绕首仿权的竞争非常激烈。由此可见，Hatch-Waxman 法案的出台在一定程度上极大鼓励了仿制药的上市申请，也给予新药申请人充分的专利保护和丰厚的收益回报。Hatch-Waxman 法案出台后的几十年，美国制药行业得到了快速发展，极大地满足了公众的用药需求，也降低了政府医保的负担。Hatch-Waxman 法案出台不久，不少国家和地区也借鉴和建立了类似的药品专利链接制度，例如加拿大、日本、韩国等。

第三节　加拿大与日本药品专利链接制度

一、加拿大药品专利链接制度

加拿大作为美国的邻国，也是最早借鉴美国药品专利链接制度的国家。由于加拿大与美国签订的北美自由贸易协定中规定了药品专利链接条款，为了履行其中的义务，加拿大针对药品专利链接制度于 1993 年单独制定实施了专利药品（批准通知）条例［Patented Medicines（Notice of Compliance）Regulations，PM-NOC］❶，其中包括药品专利信息登记、专利声明、专利挑战和损害赔偿等内容，加拿大药品专利链接主要适用于小分子药物和生物药品。

（一）药品专利信息登记

根据加拿大专利药品（批准通知）条例的规定，新药申请人被称为第一人，仿制药申请人被称为第二人，第一人提出新药申请时，需要同时向加拿大卫生部申请登记药物活性成分、配方、用法用量和医药用途相关的专利❷，具体关于登记专利信息的规定可参见专利药品（批准通知）条例第 4 条。第二人提交仿制药申请时，仅需证明其与作为参照的第一人新药的生物等效性，同时在递交申请时必须对第一人所登记的专利进行说明。需要注意的是，加拿大卫生部负责对登记专利进行管理，包括删除不相关或不符合规定的药品专利。

加拿大卫生部在第一人登记专利信息时会进行严格审查，另外规定，在新药上市后不允许追加登记专利。在专利登记后，任何人都可以向加拿大联邦法院提出诉讼，请求撤销该登记。

根据专利药品（批准通知）条例的规定，第一人提交新药

---

❶ Patented medicines（notice of Compliance）regulations sor/93 – 133［EB/OL］.［2024 – 07 – 03］. https：//laws – lois. justice. gc. ca/eng/regulations/sor – 93 – 133/Full-Text. html.

❷ Article 4（2）of Patented Medicines（Notice of Compliance）Regulations.

申请时，除了登记药品专利信息，还可以申请补充保证书，该补充保护证书具有类似专利期限延长的作用，最长保护期限不超过2年。

（二）专利声明

根据专利药品（批准通知）条例第5（2.1）条的规定，第二人提交仿制药申请的同时需要提交专利声明通知（notice of allegation，NOA），声明通知的内容包括以下6种类型。

（i）根据第4（4）条，第一人不是专利权当事人；

（ii）登记专利或补充保护证书是无效的；

（iii）登记专利或补充保护证书不符合要求；

（iv）第二人不侵犯登记专利或补充保护证书的权利；

（v）登记专利或补充保护证书保护期已届满；

（vi）补充保护证书未生效。

（三）专利挑战

第二人应将其专利声明通知第一人，当第一人收到专利声明，特别是上述第（ii）类、第（iii）类和第（iv）类声明时，可以根据需要在45日内决定是否对第二人发起专利侵权诉讼，或者应对第二人发起的专利无效挑战。加拿大卫生部规定的遏制期为24个月，如果启动遏制期，加拿大卫生部在该期限内不停止技术审评，但在争议解决之前不批准仿制药上市。在完成技术审评且24个月遏制期届满或争议结束后，加拿大卫生部会对第二人发出批准通知（notice of compliance，NOC）。当然，如果不启动遏制期，加拿大卫生部将在完成技术审评后立刻发放批准通知。与美国不同的是，加拿大关于遏制期的期限不是绝对的，当加拿大法院未依据专利药品（批准通知）条例第 6（1）条判定第二人专利侵权，或发现当事人未对尽快解决纠纷作出努力，法院会自由裁量缩短或延长 24 个月的期限。

在 2017 年之前，加拿大采取禁止令的程序暂停第二人的仿制药上市，并未采取与美国相同的拟制侵权的规定，直到 2017 年修改专利法引入拟制侵权条款并废除禁止令，解决了禁止令带来的双重诉讼的争议。根据专利药品（批准通知）条例第 6.04（1）条和第 6.04（2）条的规定，应第一人发起的专利侵权诉讼或第二人提交的专利无效请求，加拿大法院可以同时进行审理专利侵权和确认专利有效性的程序，从而确保在遏制期内尽快解决专利纠纷，这也是加拿大遏制期比美国遏制期较短的原因。此外，应任何一方的请求，关于审理中提交的文件或产生的信息，法院和当事人都应遵守保密协议。

（四）批准通知

专利药品（批准通知）条例第 7 条规定了发出药品批准通知之日，具体包括以下 6 种情形。

（a）第二人专利声明中的专利或补充保护证书到期之日；

（b）第二人遵守第 5（3）（e）条之日；

（c）依据第 5（3）（a）条提交专利声明的第 46 天；

（d）依据第 6（1）条诉讼开始的 24 个月遏制期之日；

（e）依据第 6（1）条判定专利侵权的专利和补充保护证书到期之日；

（f）所有补充保护证书到期之日。

（五）损害赔偿

与美国专利链接制度不同的是，加拿大专利链接制度没有规定首仿药的独占期，而是在专利药品（批准通知）条例第 8 条中规定，第二人在成功挑战专利后，可向加拿大联邦法院或高一级法院申请因第一人败诉产生的遏制期造成仿制药延迟上市损失的赔偿。

二、日本药品专利链接制度

（一）日本药品专利链接模式

尽管日本没有实施真正的专利链接制度，但是产生了类似专利链接制度的特点，这与日本的医药研发能力和药品监管制度密切相关。日本具有发达的医药产业和很强的新药研发能力，政府也对新药研发制定强保护的政策，仿制药在其医药市场所占比例很低。这是因为，首先，日本实施全民医保制度，为了确保医保用药的确定性，不论是新药还是仿制药都要确保其供应的稳定性，否则很难进入药品市场；其次，日本的药品上市包括药品审批与药品纳入医保目录两个程序，在药品纳入医保目录的过程中，需要评估仿制药涉及的专利风险。若审核发现存在专利风险，则不能被纳入医保目录，因此在上市之前需要解决专利侵权的问题。

另外，与美国专利链接制度相比，日本并没有类似的仿制药简化申请流程，也没有公开的药品专利登记制度和首仿独占期的规定。因此，也有人认为，日本实质上并没有建立起专利链接制度。❶ 但日本模式并不因缺乏立法的支持而影响其稳定的运作，

---

❶ 程永顺，吴莉娟. 探索药品专利链接制度［M］. 北京：知识产权出版社，2019.

在促进医药产业的良性发展，尤其是激励药品的创新研发等方面起到了很大的作用。

日本的专利链接模式主要涉及新药的专利信息报告、仿制药申请审批以及新药申请人与仿制药申请人的事前协商制度。

（二）新药的专利信息报告

日本厚生劳动省（Ministry of Health, Labour and Welfare, MHLW）与医药品医疗器械综合机构（Pharmaceuticals and Medical Devices Agency, PMDA）共同管理从临床研究至药品审评的各个环节、上市后阶段的评价、安全性监测等事务，其中涉及药品准入医保目录的批准由日本厚生劳动省管理，该目录涉及新药上市申请的专利信息登记由日本医药品医疗器械综合机构审核和管理。根据 PE/PAB 第 765 号通知，新药申请人需要提交新药的专利信息，也称"医药品专利信息报告票"，其中包括活性成分和医药用途专利，这些专利信息供医药品医疗器械综合机构审批时参考。❶ 尽管医药品医疗器械综合机构负责审核新药专利信息，但是并不对外公开相关信息。因此，公众无法查询新药申请人登记的专利信息，仿制药是否存在专利侵权，完全由医药品医疗器械综合机构审核。日本缺乏类似美国的橘皮书系统，没有记载较完备的上市药品专利信息以供查询参考。日本所谓的橘皮书❷提供了药品的信息查询，主要包括药品质量评价的数据，不提供查询与药品相关专利信息的功能。

---

❶ BUCKNELL D G. Pharmaceutical, biotechnology, and chemical inventions: world protection and exploitation（volume Ⅱ）[M]. New York: Oxford University Press, 2011.

❷ 医疗用医药品品质再评价资料集 [EB/OL]. [2024 - 08 - 20]. http://www.jp - orangebook. gr. jp/data/dataindex. shtml.

（三）仿制药审批❶

日本针对新药采取的强保护政策为再审查制度，即在新药上市后，需要对新药的活性成分、用法用量、适应证等进行审查，再审查期间一般为 4 ~ 6 年，在此之前，日本厚生劳动省不会审批仿制药申请。仿制药申请人提交上市申请时，根据 PE/PAB 第 765 号通知，仿制药申请人需要提交证明：①不存在专利；②专利无效；③获得新药专利权人的同意或许可。❷医药品医疗器械综合机构会与申请人确认专利信息，如果新药活性成分专利尚未过期，那么仿制药申请不会获得批准；如果新药只有部分的适应证、剂型、用法用量专利处于有效期间，则需要考虑仿制药申请中涉及的适应证、剂型等是否落入所述专利的范围。

由于日本针对仿制药申请涉及的药品专利侵权没有立法基础，因此在仿制药审批之前，日本特许厅和法院并不会介入相关的药品专利纠纷。如果医药品医疗器械综合机构批准了仿制药的上市申请，专利权人仍可以向法院提起专利侵权诉讼。当专利权人对仿制药申请人提起专利侵权诉讼时，其可以基于未登记的其他相关专利，也可以是登记的专利信息。❸ 医药品医疗器械综合

---

❶　渡边美乃利. 日本医药政策：专利保护的现状以及对策 [R]. 日本正林国际特许商标事务所，2018.

❷　Patent linkage system in Japan: framework, history and impacts [EB/OL]. [2024 - 08 - 20]. https: //mddb. apec. org/Documents/2022/IPEG/WKSP2/22 _ ipeg _ wksp2 _ 007. pdf

❸　KINGHAM R. The life sciences law review [M]. 7th ed. London : Law Business Research Ltd, 2019: 233 - 235; Global guide to patent linkage 2019 [R]. Baker McKenzie, 2019.

机构会确认审批的仿制药不涉及新药的活性成分、适应证等专利。

（四）新药申请人与仿制药申请人的事前协商制度

在全民医保制度的影响下，日本建立了特殊的药价机制，即在仿制药申请获得审批后，仍无法真正进入市场销售，需要提出纳入医保目录的申请。日本厚生劳动省负责医保目录的运行，为了确保仿制药在纳入医保目录后的稳定供应，通常要求新药申请人与仿制药申请人进行事前协商，确认是否有侵犯专利权的问题。无论协商结果如何，新药申请人与仿制药申请人均需要向日本厚生劳动省提交报告。如果日本厚生劳动省认为存在很高的诉讼可能性，导致相应的仿制药不能稳定供应，日本厚生劳动省将不会批准仿制药纳入医保目录。当然，如果日本厚生劳动省批准将仿制药纳入医保目录，新药申请人仍然可以向法院提起专利侵权诉讼。

实践中，即使事前协商没有达成妥协，仿制药被纳入医保目录的实例也很多。在这种情况下，MHLW 会要求仿制药申请人提交承诺书，承诺即使之后发生诉讼或收到禁令，也不能停止仿制药的供应。

由此可见，日本的专利链接模式始终受到药品监督管理部门的主导，专利行政部门和法院的参与程度很低，仿制药专利侵权诉讼比例也非常低，可以说日本的专利链接模式并不明显，这也与日本高度重视创新药的保护密切相关。近年来，赛诺菲公司的非索非那定的两项专利在日本尚未到期，但是药品监督管理部门已经批准 3 种仿制药上市且被纳入医保目录，因此，赛诺菲公司提起相关专利侵权诉讼，但最终与 3 家仿制药企业和解。2018

年，类似的情况再次出现，涉及曲妥珠单抗的仿制药，相关专利侵权诉讼仍在进行中❶，期待日本专利链接制度能够进一步完善。

---

❶　金杜律师事务所，金杜法律研究院. 金杜知识产权保护蓝皮书：各国专利链接制度比较研究以及在我国建立专利链接制度探讨［EB/OL］.［2024－08－25］. https：//prodwww. kwm. com/content/dam/kwm/insights/download－publication/china/2020/kwm－Intellectual－property－protection－blue－book. pdf.

第十章

我国药品专利纠纷
早期解决机制

专利药品的上市审批，使药品管理法律规范与专利法律规范之间出现交叉。但两者立法目的的差异使专利药品监督管理与专利权独占保护之间出现一定的冲突。除了专利期限被占用问题，还出现专利侵权纠纷，这就需要在专利法与药品管理法之间建立链接。美国最早建立的专利链接机制，就是在药品上市审批与药品专利之间建立法律联系的机制，该机制与其他机制共同构成药品市场中的一个系统的法律监管框架。我国在立法中，并未使用与美国类似的专利链接这一名称，而是将其称为"药品专利纠纷早期解决机制"。可以说，为了平衡药品专利权人与仿制药企业之间的利益冲突，确立了药品审批例外与药品专利期限补偿机制；为了避免药品专利权人与仿制药企业之间的专利侵权纠纷，确立了药品专利纠纷早期解决机制。

第一节　药品专利纠纷早期解决机制的基本问题

一、药品专利纠纷早期解决机制的准确理解

药品专利纠纷早期解决机制是指将相关药品上市审批程序与相关药品专利纠纷解决程序相衔接的制度。我国在 2020 年对《专利法》的修正中，增加了有关对在药品上市审评审批过程中可能发生专利权纠纷问题的规定，确立药品专利纠纷早期解决机制。建立该机制的目的是为当事人在相关药品上市审评审批环节提供相关的专利纠纷解决机制，保护药品专利权人合法权益，降低仿制药上市后专利侵权风险。

（一）药品专利纠纷早期解决与药品专利链接的区别

我国的药品专利纠纷早期解决机制借鉴了美国的药品专利链接机制，但与专利链接机制也有一定的区别。美国的药品专利链接机制规定在 Hatch-Waxman 法案之中，该法案主要规范仿制药批准程序，由于其对于药品专利有关的问题进行了协调，因此可以被称为"与专利法内容进行链接"的机制。但我国的药品专利纠纷早期解决机制则规定在《专利法》之中，不是与专利链接，而是专利法的基本内容之一，它解决的是与药品专利权相关的纠纷。

（二）药品专利纠纷早期解决与专利侵权纠纷解决的区别

在学习药品专利纠纷早期解决机制时，应注意该名称并未包

含"侵权"字样，即不是专利侵权纠纷，而是药品专利权纠纷。这两者之间有什么区别呢？

根据《专利法》第 11 条的规定，构成专利侵权的情形是，行为人未经专利权人许可实施了药品专利，包括制造、使用、许诺销售、销售及进口专利药品等行为。而药品专利纠纷早期解决机制规范的是在上市审评审批过程中发生的行为，在这一过程中，仿制药企业即使提交审批的是专利药品，也不能认定其行为构成专利侵权。因此，我们对于这一过程中可能发生的纠纷，不能简单称之为专利侵权纠纷，应当是专利权纠纷。专利权纠纷涵盖的范围要大于专利侵权纠纷，它还包括除专利侵权纠纷之外的其他与专利权相关的纠纷。

但仿制药企业申请专利药品上市审批的行为，会对原研药品专利权构成威胁，因为这一过程是专利药品上市销售的必经过程。这样就会引发原研药品专利权人与仿制药企业之间的利益冲突，药品专利纠纷早期解决机制的目的就是解决这些冲突，在药品专利领域保障专利法律机制的系统性和完整性。

二、药品专利链接与药品审批例外、专利期限补偿的区别

药品专利链接与专利纠纷早期解决机制名称不同，但包含的内容类似。即使在我国，目前依然有很多表述将其称为药品专利链接，此处关于区别的分析也暂时使用专利链接的表述。药品专利链接与药品审批例外、专利期限补偿都是基于药品注册审批建立的专利特殊法律机制，对于这些机制之间的关系容易产生一些混淆，例如将药品行政审批例外、专利期限补偿都看作药品专利

链接机制的组成内容。这些机制之间尽管有着密切的联系，但也具有一定的区别，它们解决的是不同的法律问题。

（一）药品专利链接与药品行政审批例外

药品专利链接与药品审批例外的共同点是都与可能发生的专利侵权相关，但区别也比较明显。首先，药品专利链接机制的目的是保护药品的专利权益，防止在专利有效期内批准可能侵犯专利权的仿制药。药品行政审批例外则是为了促进仿制药开发，使仿制药企业可以在专利药品的有效期间内进行必要的研发和准备。其次，药品行政审批例外是允许仿制药在专利保护期间进行与药品审批相关的试验研发，不将其视为专利侵权行为；而药品专利链接则要求药品监管机构在批准仿制药上市前，确保该药品不会侵犯现有的有效专利。最后，药品行政审批例外是对药品专利权人与仿制药企业利益平衡的妥协机制，而药品专利链接则是明确阻止侵犯药品专利权的预防机制。

（二）药品专利链接与药品专利期限补偿

药品专利链接与专利期限补偿的区别相对更为明显。首先，两种机制实施影响的对象不同。药品专利链接影响的是仿制药企业及其药品申请的上市审批过程，而药品专利期限补偿则影响的是药品专利权人。其次，两种机制实施的目的不同。药品专利链接机制的目的是维护专利制度的完整性，防止在专利有效内批准可能侵犯专利的仿制药。而药品专利审批期限补偿是为了补偿药品审批过程中的期限损失，延长药品专利权人的市场独占期。最后，药品专利审批期限补偿是为了弥补专利权人因药品审批例外失去的市场独占期限，是可以由专利法独自完成的法律规范；

而药品专利链接机制的实施涉及药品审批过程和专利侵权的考虑，需要与药品注册审批程序共同配合才能完成。

三、药品专利纠纷早期解决机制的主要内容

我国专利纠纷早期解决机制将相关药品上市审批程序与药品专利纠纷解决程序相衔接，主要规定体现在《专利法》第76条。

《专利法》第76条

药品上市审评审批过程中，药品上市许可申请人与有关专利权人或者利害关系人，因申请注册的药品相关的专利权产生纠纷的，相关当事人可以向人民法院起诉，请求就申请注册的药品相关技术方案是否落入他人药品专利权保护范围作出判决。国务院药品监督管理部门在规定的期限内，可以根据人民法院生效裁判作出是否暂停批准相关药品上市的决定。

药品上市许可申请人与有关专利权人或者利害关系人也可以就申请注册的药品相关的专利权纠纷，向国务院专利行政部门请求行政裁决。

国务院药品监督管理部门会同国务院专利行政部门制定药品上市许可审批与药品上市许可申请阶段专利权纠纷解决的具体衔接办法，报国务院同意后实施。

在《专利法》第四次修正后，2021年7月4日，国家药品监督管理局、国家知识产权局组织制定并发布了《药品专利纠纷早期解决机制实施办法（试行）》，规定了药品专利纠纷早期解决机制的具体内容。2021年7月5日，国家知识产权局制定并发布《药品专利纠纷早期解决机制行政裁决办法》，为依法办理涉药品上市审评审批过程中的专利纠纷行政裁决案件提供了法律依

据。药品专利纠纷早期解决机制主要包括药品专利信息登记、药品专利挑战、等待期及市场独占期四个方面的内容。

（一）专利信息登记

理解药品专利纠纷早期解决机制的具体内容，应当首先明确的第一个基础问题是：在与《专利法》衔接之后，药品监督管理机构对于仿制药企业申请专利药品上市审批，应当持有何种态度？答案是，与《专利法》衔接后，药品监督管理机构不应批准仿制药企业涉及有效专利的药品上市。因此，专利纠纷早期解决机制运作的第一个环节就是建立专利信息登记。专利信息登记解决药品上市行政审批与药品专利法律状态的关联问题，在批准新药或仿制药上市之前，药品监管机构需要考虑该药品是否侵犯了现有的有效专利权，以便在药品行政审批过程中，通过检查药品专利信息数据确认是否存在仍然有效的相关专利。

（二）药品专利挑战

药品监督管理机构在明确对药品专利的基本态度后，面临的另一个更为复杂的问题是，如果仿制药企业主张药品专利属于无效专利或者不侵犯现有专利，该怎样处理？任何不符合授权条件的专利都不应享有对药品市场的独占权，否则将会对药品市场秩序、仿制药企业及消费者利益带来极大的不公平。为此，《专利法》规定，"任何单位或者个人认为该专利权的授予不符合本法有关规定的，可以请求国务院专利行政部门宣告该专利权无效"。因此，在药品上市行政审批程序中，也应当允许并鼓励仿制药企业对原研药的专利发起挑战。药品专利挑战就是仿制药企业在进行药品上市审批时，对现有药品专利有效性明确质疑的过程。

（三）等待期

在仿制药企业对药品专利有效性提出挑战后，药品监督管理机构不能因为有效专利的存在，不允许仿制药上市。同时，由于药品监督管理机构不是专利权有效性判断的权力机构，也不能直接对药品专利是否有效作出决定，这就需要暂停仿制药企业的药品上市审批程序。确定等待期，药品监督管理机构在等待期内等待有关专利有效性的最终结果，然后决定仿制药企业是否可以继续进行药品审批程序。如果专利权维持有效，仿制药企业则不能在专利有效期间获得上市批准。

（四）市场独占期

如果仿制药企业对药品专利的有效性挑战成功，则其药品上市程序可以继续进行。但是，如果专利权被宣布无效，除提出专利挑战的仿制药企业之外，所有其他企业均可以开始启动药品的上市审批程序。这就意味着，提出专利挑战的企业不会拥有市场优势，其进行专利挑战及诉讼的成本无法回收。为了鼓励仿制药企业提出专利挑战，并对其付出的成本给予补偿，在专利被宣布无效后，专利纠纷早期解决机制将为专利挑战成功的仿制药企业提供一定的市场独占期。在这段市场独占期内，不批准其他仿制药企业提出药品上市申请。

第二节　药品专利信息登记与声明

药品专利纠纷早期解决机制运行的基础是药品专利信息的登记与声明。专利信息的登记与声明的主体分别是药品上市许可持有人和仿制药申请人，药品上市许可持有人要自行提供与药品专利相关的信息，仿制药申请人则要对所提交上市审批药品与专利权之间的关系进行明确声明。

一、药品专利信息登记

药品监督管理机构建立中国上市药品专利信息登记平台，供药品上市许可持有人登记在中国境内注册上市的药品相关专利信息。国家药品审评机构负责建立并维护中国上市药品专利信息登记平台，对已获批上市药品的相关专利信息予以公开。

（一）药品专利信息登记的主体

我国进行药品专利信息登记的主体是药品上市许可持有人。我国对药品实施药品注册管理，申请人提出药物临床试验、药品上市许可，药品监督管理部门进行安全性、有效性和质量可控性等审查。按照《药品注册管理办法》的规定，取得药品注册证书的申请人就是药品的上市许可持有人。药品上市许可持有人要对药品生产、经营、使用全过程中的药品安全性、有效性和质量可控性负责。为了保护药品上市许可持有人拥有的药品专利，其需要将在中国境内注册上市药品的相关专利信息进行登记。

（二）药品信息登记的内容与要求

《药品专利纠纷早期解决机制实施办法（试行）》第 4 条对药品信息登记的内容与要求进行了规定。药品上市许可持有人要在获得药品注册证书后 30 日内，自行登记，如果没有登记药品专利信息，则不能获得药品专利纠纷早期解决机制的保护。

药品信息登记的内容包括药品名称、剂型、规格、上市许可持有人、相关专利号、专利名称、专利权人、专利被许可人、专利授权日期及保护期限届满日、专利状态、专利类型、药品与相关专利权利要求的对应关系、通讯地址、联系人、联系方式等。如果相关信息发生变化，药品上市许可持有人要在信息变更生效后的 30 日内完成信息登记的更新。

药品专利纠纷早期解决机制要求药品上市许可持有人登记信息的真实性、准确性和完整性。药品上市许可持有人登记的信息要与专利登记簿、专利公报以及药品注册证书相关信息保持一致。此外，医药用途专利权应当与获批上市药品说明书的适应证或者功能主治一致，相关专利保护范围覆盖获批上市药品的相应技术方案。如果相关信息发生变动，应当说明理由并予以公开。

（三）信息登记的药品专利类型

在我国，药品注册按照中药、化学药和生物制品等进行分类注册管理。《药品专利纠纷早期解决机制实施办法（试行）》对化学药上市许可持有人进行信息登记的药品专利类型进行了规定。化学药上市许可持有人可以在中国上市药品专利信息登记平台登记的药品专利类型包括药物活性成分化合物专利、含活性成分的药物组合物专利、医药用途专利。

二、药品专利声明

药品监督管理机构一方面通过药品上市许可持有人的自行登记，掌握有关药品专利的信息，另一方面也要求仿制药申请人在提交药品上市许可申请时，对照在药品专利信息登记平台公开的专利信息，对与被仿制药专利的关系作出声明。

为了最大程度避免仿制药申请人与药品专利权人之间的纠

纷，仿制药申请人要对所申请上市许可药品与药品专利之间的关系进行声明。根据是否可能产生药品专利权纠纷，化学仿制药申请人的声明可以分为四种类型。

（一）无药品专利声明

这类声明表达的内容是，上市药品专利信息登记平台中没有与被仿制药的相关专利信息。没有相关专利信息，则推定不存在与仿制药相关的有效专利。没有相关药品专利，仿制药的药品上市许可程序则不存在专利阻碍。

（二）无专利权纠纷声明

仿制药申请人可以作出的第二类声明是无专利权纠纷声明。申请人根据上市药品专利信息登记平台收录的专利信息，可以在三种情形下作出此类声明：①与被仿制药相关专利权已终止；②与被仿制药相关专利权被宣告无效；③仿制药申请人已获得专利权人相关专利实施许可。

在专利法体系下，专利权终止不同于专利权无效。专利权终止可以在专利有效期届满后终止，也可以在专利有效期届满前终止。专利权在有效期届满前终止是依据权利人自身意愿的主动终止，包括专利权人不缴纳年费和以书面声明自行放弃其专利权两种法律情形。如果属于以上情形，仿制药申请人应当声明的内容是相关药品专利权已经终止；专利权无效则是指专利权人以外的其他人认为专利权的授予不符合法律规定，经国务院专利行政部门审查后，宣告该专利权无效。如果属于此种情形，仿制药申请人应当声明的内容是相关药品专利权已经被宣告无效。如果相关药品专利权已经终止或被宣告无效，则不存在有效的专利权，仿制药申请人的药品上市许可程序也不会产生相关专利权纠纷。但还有一种情形，就是尽管存在有效专利权，但仿制药申请人已经取得了药品专利权人的授权许可。在这种情形下，也不会产生与专利权人之间的纠纷。因此，包含以上三种情形的第二类声明可以被视为无专利权纠纷声明。

（三）仿制药不上市声明

仿制药申请人可以作出的第三类声明是，上市药品专利信息登记平台收录被仿制药相关专利，但仿制药申请人承诺，在相应专利权有效期届满之前，其所申请的仿制药不上市销售。提交第三种声明的仿制药企业承认涉及有效的药品专利，但其承诺尊重有效的药品专利权，在专利有效期间届满之前，不会将仿制药上市销售。

（四）挑战专利权声明

仿制药申请人可以作出的第四类声明是，上市药品专利信息登记平台收录的被仿制药相关专利权应当被宣告无效，或者其仿制药未落入相关专利权保护范围。之所以此类声明被认为是专利权挑战，就是仿制药申请人首先是承认存在有效药品专利，只不过其认为该专利权不应有效或其仿制药实施不会构成专利侵权。如果专利权不符合授权条件，则可能会被认为应宣告无效；如果仿制药没有落入专利权保护范围，则即使实施仿制药的销售行为，也不会构成对药品专利的侵权。但无论哪种情形，都不是药品监督管理机构可以进行判断并决定的，此类声明将引发后续的专利诉讼。

对第一类和第二类声明的化学仿制药注册申请，药品监督管理部门将依据技术审评结论作出是否批准上市的决定。对第三类声明的申请，技术审评通过的，药品监督管理部门作出批准上市决定，相关药品则要在相应专利权有效期和市场独占期满之后才能上市销售。对于第四类声明，则会进入相关药品专利诉讼及等待期阶段。

第三节　专利挑战法律效果：
等待期与市场独占期

如果仿制药申请人作出第四类声明，即对药品专利的有效性或是否落入专利权保护范围提出挑战，则会启动药品专利纠纷早期解决机制中的仿制药等待期。如果仿制药申请人挑战成功，则会启动该仿制药的市场独占期。

一、等待期启动与终止的具体程序

等待期也被称为暂停期或遏制期。等待期主要是针对药品监督管理机构和仿制药申请人而言，在等待期内仿制药的上市批准程序暂停，等待专利权人或其利害关系人提起诉讼或行政裁决，等待最终的判决或决定结果。对国家药品审评机构而言，在等待期内不停止技术审评，但是否进入最后的行政审批环节，则要等待最终的判决或决定结果，并依此作出相应不同的处理决定。

（一）通知药品上市许可持有人

在仿制药申请人作出声明并提交上市申请后，国家药品审评机构会公开该药品上市许可申请。仿制药申请人也要将其声明和声明的依据通知药品上市许可持有人，如果药品上市许可持有人不是专利权人，上市许可持有人要通知专利权人。对于第四类声明，仿制药申请人对药品专利提出挑战，如果其认为仿制药未落入相关专利权保护范围，要提供包括仿制药技术方案与相关专利相关权利要求的对比表及相关技术资料。专利权人依据仿制药申请人的声明依据，作出相应的回应。

（二）专利权人提起诉讼

如果专利权人或其利害关系人对仿制药申请人的药品专利挑战有异议，可以提起诉讼或请求国务院专利行政部门进行行政裁决，判定仿制药申请人的药品相关技术方案是否落入专利权保护范围或专利权是否有效。专利权人要在法定的期限内提起诉讼或请求行政裁决，也有法定的期限限制，这个期限是国家药品审评机构公开药品上市许可申请之后的 45 日之内。如果专利权人选择到国务院专利行政部门请求行政裁决，但对裁决结果不服，还可以就该裁决结果继续向人民法院提起诉讼。

需要注意的是，专利权人提起诉讼或者请求行政裁决后，负有将诉讼情况通知国家药品审评机构的责任。专利权人要在法院立案或者国务院专利行政部门受理之日起的 15 个工作日内，将立案或受理通知书副本提交给国家药品审评机构，并通知仿制药申请人。如果专利权人没有在规定的期限内提起诉讼或者请求行政裁决，国务院药品监督管理部门就可以根据技术审评结论和仿制药申请人提交的声明，直接作出是否批准仿制药上市的决定。

（三）等待期启动

专利权人提起诉讼，并将立案或受理通知书副本提交给国家药品审评机构后，仿制药的上市审批程序暂停，进入等待期阶段。我国对化学仿制药注册申请设置的等待期是 9 个月，在这一期间内，等待仿制药是否落入专利权保护范围或专利权是否有效的最终判定结果。但在等待期内，国家药品审评机构不停止对仿制药注册申请的技术审评。

（四）报送判决或决定结果

在法院或国务院专利行政部门作出判决或决定后，专利权人或仿制药申请人要在收到判决书或者决定书的 10 个工作日内，将相关文书报送给国家药品审评机构。国家药品审评机构收到判决或决定结果后，如果仿制药注册申请的技术审评已经通过，可以对仿制药注册申请依据不同情形作出相应处理。

第一，如果判决或决定的结果是仿制药确认落入相关专利权保护范围，意味着专利权有效或仿制药上市销售将构成专利侵权。在这种情形下，国家药品审评机构不能批准仿制药上市，要等到专利权期限临近届满前，再将仿制药的注册申请转入行政审批环节。

第二，如果判决或决定的结果是仿制药确认没有落入相关专利权保护范围，则意味着专利权虽然有效，但仿制药的上市销售行为不会构成专利侵权；如果判决或决定的结果是药品专利权被依法宣告无效，则意味着专利权无效。无论何种结果，都不会影响仿制药的上市审批，国家药品审评机构可以按照程序直接将仿制药的注册申请转入上市审批环节。

二、等待期内的专利诉讼

等待期启动后，仿制药的上市审批程序暂停，等待专利权人对提出第四类声明的仿制药申请人提起专利诉讼。因此，关于仿制药的专利诉讼不仅对仿制药上市审批程序具有重要影响，对于专利法的协调也具有重要意义。

（一）等待期内专利诉讼法律性质的认识

关于等待期内的专利诉讼法律性质，存在以下两种观点，要注意加以明晰。

第一种观点：等待期内提起的专利诉讼是专利侵权诉讼。仿制药申请人在药品上市审批程序中对专利权提出挑战，其目的就是通过药品上市审批进行市场销售。这种行为对于药品专利权人而言，具有极大的威胁。为了能够在药品上市审批阶段就制止这种行为，法律赋予专利权人或利害关系人在等待期内提起专利诉讼的权利。因此，该种观点认为，应当认为等待期内的诉讼属于专利侵权诉讼。

第二种观点：属于专利确认不侵权之诉。所谓专利确认不侵权之诉是指主动请求法院判定特定行为不侵犯专利权的诉讼。如专利权人向他人发出侵犯专利权的警告，被警告人可以书面催告权利人行使诉权，如果专利权人收到书面催告后在特定期间内，既不撤回警告也不提起诉讼，则被警告人可以主动提起确认不侵权之诉。仿制药的行为与被警告人很类似，在等待期内督促专利权人提起诉讼，以确认自己上市后的销售行为不构成专利侵权。

尽管这两种观点都具有一定说服力，但从法律角度分析，都不能准确界定等待期内专利诉讼的法律性质。首先，这种诉讼不能被认为是专利侵权诉讼。最主要的原因就是《专利法》第11条明确规定了专利侵权行为的构成，仿制药申请人提交上市审批的行为不包括在"制造、使用、许诺销售、销售、进口"等专利侵权实施行为之内。而且，《专利法》特别规定了药品专利行政审批例外。因此，在我国专利法律体系中，不能将审批过程中专利权人对仿制药企业的诉讼视为专利侵权诉讼。其次，也不能将这种诉讼认为是专利确认不侵权之诉。因为按照确认不侵权之诉的法律逻辑，能够提起诉讼的是具有潜在侵权可能的侵权人，而非专利权人。最后，在药品专利纠纷早期解决机制中能够提起专利诉讼的是专利权人或利害关系人，而不能是仿制药申请人。此外，这种诉讼也不是在专利权人发出警告后提起的诉讼，而是基于仿制药申请人主动提出专利权挑战引发的诉讼。

那么，等待期内专利诉讼的法律性质是什么呢？美国的Hatch-Waxman法案将这种诉讼的法律性质定为"拟制侵权诉讼"。其含义是承认这种诉讼不是专利侵权诉讼，但将其通过法律拟制为专利侵权诉讼。《专利法》中并未将仿制药申请人的专利挑战行为规定为拟制侵权。因此，不能将等待期的专利诉讼视为拟制专利侵权诉讼。2021年7月5日，我国开始施行《最高人民法院关于审理申请注册的药品相关的专利权纠纷民事案件适用法律若干问题的规定》。在该规定中，将等待期内的诉讼称为依据《专利法》第76条的"确认是否落入专利权保护范围纠纷"诉讼。因此，在我国，应当将等待期内专利诉讼法律性质界定为"确认是否落入专利权保护范围纠纷"诉讼，而不宜直接认为其属于专利侵权诉讼。

（二）等待期内专利诉讼的其他法律问题

1. 可以提起诉讼的主体

在药品专利纠纷早期解决机制的等待期内，可以向人民法院提起诉讼的主体是专利权人或利害关系人。专利权人是指仿制药所涉药品专利的所有权人，利害关系人则指该药品专利的被许可人和药品的上市许可持有人。可见，按照我国法律规定，药品的上市许可持有人可以作为利害关系人在等待期内直接提起专利诉讼。

2. 诉讼的管辖

按照《最高人民法院关于审理申请注册的药品相关的专利权纠纷民事案件适用法律若干问题的规定》，等待期内专利权人或利害关系人提起的确认是否落入专利权保护范围纠纷的第一审案件，由北京知识产权法院管辖。

3. 仿制药申请人可以提起的诉讼

针对专利权人或利害关系人提起的确认落入专利权保护范围纠纷的专利诉讼，法律也赋予了仿制药申请人可以提起两种诉讼的资格。

（1）损害赔偿诉讼

仿制药申请人可以提起损害赔偿诉讼的条件是，专利权人或者利害关系人知道或者应当知道，其主张的专利权应当被宣告无效或者申请注册药品的相关技术方案未落入专利权保护范围，仍提起诉讼或者请求行政裁决。在这种情形下，仿制药上市许可申请人可以提起损害赔偿之诉。

（2）确认未落入相关专利权保护范围诉讼

药品监督管理部门对化学仿制药注册申请设置了 9 个月的等待期，如果专利权人或者利害关系人在等待期内没有向人民法院提起诉讼，则仿制药申请人可以向人民法院起诉，请求确认其所申请注册的药品未落入相关专利权的保护范围。

三、专利挑战成功：市场独占期

（一）专利挑战成功及其价值

专利挑战成功是指仿制药申请人提交第四类声明后，根据其提出的宣告专利权无效请求，相关药品专利权被宣告无效，仿制药可消除专利权阻碍获批上市的情形。仿制药申请人专利挑战成功后可以获得法律规定的市场独占期。

法律规定专利权挑战成功具有一定的价值。首先，是对仿制药申请人的一种市场激励机制，鼓励仿制药挑战原研药品专利的有效性，确保只有真正符合专利"三性"的创新技术才能得到法律赋予的排他保护；其次，为专利挑战成功的仿制药申请人提供独占保护期，可以补偿仿制药申请人在进行专利诉讼过程中承担的风险和成本；再次，通过激励第一家挑战原专利并成功上市的仿制药申请人，有助于仿制药更快引入市场竞争，降低药品价格；最后，专利挑战成功也可以平衡新药创新激励和药品可及性，在对药品专利的专有保护和仿制药及时上市之间寻求平衡。

（二）专利挑战成功的条件

专利挑战成功后可以获得法律规定的市场独占期，因此，要明确专利权挑战成功应当具备的基本条件。

1. 仿制药申请人提出第四类声明

专利挑战是指仿制药申请人对专利权的有效性及仿制药构成专利侵权提出挑战，挑战的效果是激发专利权人提起相关专利诉讼。构成专利挑战成功的前提条件是仿制药申请人提出了第四类声明。仿制药申请人可以作出的第四类声明包括相关专利权应被宣告无效和其仿制药未落入相关专利权保护范围。

2. 相关专利权被宣告无效

构成专利挑战成功的实质性条件是，仿制药申请人提出专利权应被宣告无效的声明后，专利权经过法院诉讼或行政裁决被证实宣告无效。专利权被宣告无效，意味着该项专利权的授予不符合《专利法》关于专利授权的法律规定。根据《专利法》的规定，宣告无效的专利权视为自始即不存在，任何人均可以自由实施该项技术方案。

按照《药品专利纠纷早期解决机制实施办法（试行）》对专利挑战成功的定义，"挑战专利成功是指化学仿制药申请人提交四类声明，且根据其提出的宣告专利权无效请求，相关专利权被宣告无效，因而使仿制药可获批上市。"从该定义的内容看，并未要求仿制药获得上市许可批准才能构成专利挑战成功，而是使仿制药"可获批上市"。

（三）市场独占期

专利挑战成功后，专利权被宣告无效，所有的仿制药企业都可以利用原研药品专利的技术方案制造相关药品。如果没有对首个提出专利挑战仿制药申请人进行激励，对于付出成本进行专利挑战的仿制药申请人是不公平的。因此，对于首个挑战专利成功并首个获批上市的化学仿制药申请人，法律给予其市场独占期的激励。

市场独占期意味着在首个提出专利挑战仿制药申请人药品获得上市审批后，该仿制药申请人可以享有 12 个月的市场独占期。在该市场独占期内，国家药品监督管理部门不会再批准同品种仿制药上市。但仿制药申请人享有的 12 个月市场独占期，不能超过被挑战药品的原专利权有效期限。

第四部分　与医药专利相关的法律规范

第十一章

药品试验数据的商业秘密与
独占权保护

药品试验数据保护与药品审批例外、药品专利期限补偿及药品专利纠纷早期解决机制具有共同之处，运行机制都与药品注册管理制度密切联系或与之衔接。但与其他几种机制相比，药品试验数据的法律保护较为特殊。药品审批例外、药品专利期限补偿及药品专利纠纷早期解决机制都与专利法相关，我国则直接规定在《专利法》框架之下，但药品试验数据保护则不在专利法律体系范畴之内。

第一节　药品试验数据的界定与保护方式

一、药品试验数据的法律界定

（一）药品试验数据的界定

药品试验数据是指为药品注册管理所需的在药品临床及非临床试验中获取的数据。《药品注册管理办法》规定，申请药品注册，应当提供真实、充分、可靠的数据，以证明药品的安全性和有效性。

按照试验的不同阶段，药品试验数据可以包括非临床试验数据和临床试验数据。非临床试验数据是指为评价药物安全性，在实验室条件下用实验系统进行试验得出的试验数据。非临床试验数据是为申请药品注册进行的非临床安全性评价研究，是药品研发的基础。药物临床试验是指以人体（患者或健康受试者）为对象的试验，意在发现或验证某种试验药物的临床医学、药理学以及其他药效学作用、不良反应，或者试验药物的吸收、分布、代谢和排泄，以确定药物的疗效与安全性的系统性试验。❶ 按照《药品注册管理办法》的规定，药物临床试验分为Ⅰ期临床试验、Ⅱ期临床试验、Ⅲ期临床试验、Ⅳ期临床试验以及生物等效性试验。Ⅰ期临床试验是初步的临床药理学及人体安全性评价试验，Ⅱ期临床试验是治疗作用的初步评价阶段，Ⅲ期临床试验是治疗作用的确证阶段，Ⅳ期临床试验是新药上市后应用研究阶段。新药的生物等效性试验是评价同一药物不同剂型临床药效的方法。同一药物，不同厂家生产的两种药物制剂产品，如果生物利用度相等，则称为生物等效，可以认为这两种药物制剂将产生相似的治疗效果。❷

（二）药品临床试验数据的行政管理规范

按照法律的规定，新药申请注册上市，必须进行临床试验。研发人员要在完成支持药物临床试验的药学、药理毒理学等研究

---

❶ 万仁甫. 药品注册申报与管理［M］. 北京：中国医药科技出版社，2023：66.
❷ 万仁甫. 药品注册申报与管理［M］. 北京：中国医药科技出版社，2023：68.

后，才能进行药物临床试验。因此，开展临床试验是以上市注册为目的的，并且需要经国家药品监督管理部门批准。

药品的非临床试验和临床试验需要分别符合我国《药物非临床研究质量管理规范》和《药物临床试验质量管理规范》的规定。药品的非临床及临床试验数据是药品安全性和有效性的重要证明，也是提交药品上市许可申请的重要数据资料。按照《药品管理法》第 19 条的规定："开展药物临床试验，应当按照国务院药品监督管理部门的规定如实报送研制方法、质量指标、药理及毒理试验结果等有关数据、资料和样品，经国务院药品监督管理部门批准。"在获批可以开展临床试验后，所进行的临床试验也要符合《药物临床试验质量管理规范》。1964 年在荷兰赫尔辛基召开第 18 届世界医学大会时，对以人体为研究对象的试验提出了具体的要求，这就是《赫尔辛基宣言》。自此之后，各国陆续公布本国的药物临床试验质量管理规范。我国在 1998 年颁布了《药物临床试验质量管理规范（试行）》；2003 年施行了《药物临床试验质量管理规范》；2020 年对该规范进行了再次修订。在《药物临床试验质量管理规范》中，对临床试验数据的处理、核对、转换、保存以及数据管理系统的安全性等均作出了具体的合规要求。为了保证临床试验的标准操作规程、试验记录的准确完整，会对临床试验的相关活动进行系统、独立的稽查。

经过药品非临床与临床试验确定药品安全性、有效性的，还必须向国家药品监督管理部门申请药品的注册上市，在获得批准之后，才能够生产并销售该药品。申请药品上市许可，需要提交包含药品临床试验数据等相关资料文件。国家药品监督管理机构会对申报资料与原始数据、总结报告的一致性，原始数据的准确性等进行审查，以确保试验数据的真实可靠。药品经技术审评符合安全性、有效性、质量可控性等法定标准的，会批准药品上市，并发给申请人药品注册证书。药品注册上市申请人取得药品注册证书后，便成为"药品上市许可持有人"。药品批准上市后，药品上市许可持有人要按照国家药品监督管理局核准的生产工艺和质量标准生产药品，上市销售后还应主动开展调查研究，进一步确证药品的安全性、有效性和质量可控性。

二、药品试验数据的知识产权保护路径

（一）药品试验数据的商业秘密保护

药品试验数据在知识产权法领域首先是作为商业秘密加以保护的。药品，尤其是原研药的临床试验数据往往需要花费较长时间和较大的资金投入才能取得。获取药品试验数据主要是为了向国家药品监督管理机构提交上市技术审评文件，以取得药品的上市许可。为了防止原研药以外的仿制药企业利用其药品试验数据申请相同或类似药品上市，原研药企业往往会对这些试验数据采取保密措施。

商业秘密是指不为公众所知悉、具有商业价值并经权利人采取相应保密措施的技术信息、经营信息等商业信息。❶ 即若要成为受保护的商业秘密，需要具备以下三个构成条件。

第一，不为公众所知悉。是指相关信息处于保密状态，具有秘密性是构成商业秘密的首要条件。这一属性并非绝对指仅为权利人自己所知悉，更主要强调不为竞争者所知悉。因此，商业秘密可以通过保密协议向特定员工披露，也可以许可给其他实施者。

---

❶ 参见《中华人民共和国反不正当竞争法》第9条。

第二，具有商业价值。商业秘密能够成为知识产权的客体，也是因为其具有价值属性，能够为所有人带来商业价值。除较为有名的 1886 年保密至今的可口可乐配方外，杜邦公司的凯夫拉纤维、肯德基的炸鸡食谱也是著名的商业秘密，蕴含着重大的商业价值。

第三，权利人采取了相应的保密措施。在法学领域有一句知名谚语"法律不保护躺在权利上睡觉的人"。其含义表明，法律要求权利人要积极保护自己所拥有的法定权利。对于商业秘密，法律也同样要求秘密持有人积极采取措施保护商业秘密。如果商业秘密文件被置于其他人可以随意接触的地方，法律就会因权利人没有采取相应保密措施，而拒绝对该商业秘密进行保护。当然，法律也不要求采取绝对安全的保密措施，只要是相应的合理保密措施即符合法定条件。

药品试验数据符合商业秘密保护的条件，其具有秘密性和商业价值，且被原研药企业采取了相应的保密措施，因此可以成为商业保护的对象。但药品试验数据与一般的商业秘密仍然具有差别，其他商业秘密只要所有人采取了合理保密措施，一般很难为第三人所知悉。但药品试验数据必须向国家药品监督管理机构提交，这一过程势必披露具体的试验数据信息。为了加强对未披露药品试验数据的法律保护，TRIPS 第 39 条第 3 款针对提交药品上市许可的药品试验数据保护进行了专门的规定。

（二）药品试验数据的独占权保护

除了以商业秘密方式进行保护，药品试验数据还可以独占权的方式加以保护。法律对秘密数据进行保护的时间较早，但在药品注册管理体系下对药品试验数据进行独占保护，则始于 20 世纪 80 年代的美国。药品试验数据独占保护首先规定在美国联邦食品、药品和化妆品法案之中。药品试验数据的独占保护实际是在药品注册管理体系下，对原研药与仿制药利益加以平衡的结果。原研药从研发到提交符合上市许可要求的试验数据，要投入大量的前期研发和试验成本，这也是对药品试验数据进行独占权保护的原因之一。

药品试验数据独占权保护的表现形式是对原研药企业申请药品上市注册审批的药品试验数据给予固定的独占期间保护，在该法定期间内，其他申请人不得以该试验数据申请药品的上市许可。独占期间保护的方式赋予数据提交主体以排他的使用权，任何其他主体未经其许可，不得使用该试验数据。药品试验数据独占保护制度的重要目的，就是赋予原研药在新药上市后对其原始数据享有一定期限的市场独占期。持有人一般自获得药品注册证书之日起，可以获得药品试验数据的独占保护。目前，越来越多国家在立法中纳入了药品试验数据的独占权保护，独占权保护方式代表了药品试验数据法律保护的发展趋势。

第二节　药品试验数据的商业秘密保护

商业秘密不仅是药品试验数据的保护方式，而且是所有药品的传统保护方式。药品的生产技术既可以采用专利的方式进行保护，又可以用商业秘密的方式进行保护。作为对新技术的排他保护方式，两种知识产权保护类型各有其特点。具体采用何种保护方式，由技术发明人结合技术自身特点及竞争环境自行选择。因此，在了解药品的商业秘密保护方式之前，应当先了解商业秘密与专利两种法律保护方式的差别。

一、商业秘密与专利保护方式的区别

同一项技术既可以专利权进行保护，也可以商业秘密的形式进行保护，两者属于知识产权的不同类别，这两种不同的知识产权保护方式有何区别呢？从法律保护的角度看，两者的区别主要表现在以下四个方面。

第一，商业秘密是以秘密形态存在的智慧成果，这是其与其他知识产权类别的最大区别。一项新研发技术若以专利形式保护，需要将技术公开。而以商业秘密的形式进行保护，则不需要公开。这一点是两者的基础差别，也是由两种不同的法律逻辑所决定的。保护专利权的法律逻辑是发明人公开技术，国家按照所公开的技术特征，在一定期间内给予其独占实施权。在该法定有效期间之内，任何其他主体未经专利权人许可实施这一技术，专利权人都可以认定其侵权，并寻求国家强制力予以排除。而商业秘密保护的法律逻辑是发明人以保密形式保护技术，通过事实的秘密状态实现对技术的独占。只有其他主体以不正当的手段（如盗窃、诈骗等）获取这项秘密技术的时候，法律才会予以制止。

第二，对于同一项技术的不同发明主体，法律赋予的主体地位不同。专利权授予最先申请发明专利的主体，在该项专利得到授权后，专利权人享有对专利技术的排他权。在该发明申请专利后，即使是自行研发出同样技术的主体，在专利授权后也无权继续使用该项专利技术。如果实施该项技术，会被认为构成专利侵权行为；而商业秘密保护则有很大差别。如果在先商业秘密所有人研发出新技术后，采取商业秘密的保护方式，其他主体随后自行研发出了同样的技术，在先商业秘密的权利人无权阻止在后发明人实施此项技术，在后发明人同样可以成为这项商业秘密的权利人。

第三，两者的受保护期间不同。专利权依赖法律赋予的法定排他保护期间，在法定有效期间届满后，专利技术归于公有领域，社会公众可以随意加以实施利用。商业秘密则没有固定的保护期间，理论上只要该项秘密技术无人破解，权利人就可以永远拥有这项技术秘密的独占权。

第四，两者在域外的法律效力有所不同。根据地域性原则，权利人只有在一国申请并获得专利的授权，才能在该国获得法律效力。在专利授权国家的境外，则不享有该项技术的专利权，除非通过专利申请在其他国家也取得专利授权；而商业秘密则无须经过国家行政机构授权取得，是基于保密的事实状态享有财产权。只要保密事实控制在权利人自己手中，无论是在本国，还是在域外，都能够实现商业秘密的独占保护。

因此，以专利权或商业秘密形式都可以实现对技术的独占实施权，两者各有利弊。对于专利保护而言，保护期间较短，且因为技术公开易被侵权；而对于商业秘密保护，则要承担秘密被破解的风险，一旦技术被公开，商业秘密财产权也将不复存在。一般而言，当商业秘密被破解后，该项商业秘密可能面临的法律状态有三种：一是其他主体也采取商业秘密的保护方式，则该商业秘密在先后两个秘密所有人之间实现财产权的共存；二是其他主体没有选择保密，而是将技术予以公开，则该项技术不再属于任何人的商业秘密，而是处于公有领域的公知技术；三是在后破解秘密技术的主体选择采取专利的方式保护该项技术，递交专利申请并公开技术，则在专利授权后，独有该项专利权。在先商业秘密权利人丧失该项商业秘密，但如果符合《专利法》规定的在先使用条件，有机会在专利法保护范围内享有先用权。技术发明人具体采取何种知识产权方式保护技术，需要根据具体情形加以权衡。

二、TRIPS 第 39 条对药品试验数据的保护

采用商业秘密方式进行保护的药品与专利保护不同，技术所有人不需要公开技术。相应地，商业秘密保护也没有法定期间的限制，即使申请得到专利的药品，在药品的生产过程中也会包含很多技术秘密。与其他技术相比，一般药品的商业秘密保护没有太多的特殊性，但对于药品试验数据，则由于其用于提交上市行政审批的特殊目的，法律进行了特殊规定。

对药品试验数据进行规定的第一个国际条约是 TRIPS，TRIPS 中的商业秘密保护方式成为各成员域内法保护药品试验数据的重要国际法渊源。在 TRIPS 磋商之时，很多国家尚没有充分保护未披露药品试验数据的立法经验，但美国已出现较多保护未披露试验数据的判例。美国对于未披露试验数据主要通过统一商业秘密法进行保护，这一做法显然直接影响了 TRIPS 对药品未披露数据的保护方式。乌拉圭回合谈判时，商业秘密保护急需解决的问题主要是，如何让非法获取商业秘密的主体承担相应责任，以及如何让政府保障企业提交的商业秘密不被不正当商业利用。这些问题也同样成为 TRIPS 在讨论药品未披露实验数据保护问题时的重点，并最终形成 TRIPS 第 39 条第 3 款。

TRIPS 第 39 条　对未披露信息的保护

……

3. 当成员要求以提交未披露过的试验数据或其他数据，作为批准使用新化学成分的医药用或农用化工产品上市的条件时，如果该数据的原创活动包含了相当的努力，则该成员应保护该数据，以防不正当的商业使用。同时，除非出于保护公众的需要，或除非已采取措施保证对该数据的保护、防止不正当的商业使用，成员均应保护该数据以防其被泄露。

TRIPS 第 39 条第 3 款要求世界贸易组织各成员应当保护药品试验数据数据。只要这些数据符合 TRIPS 规定的商业秘密保护条件，即没有披露过，具有经济价值且为数据所有人采取了合理的保密措施，就可以得到 TRIPS 的保护。TRIPS 保护药品试验数据的目的是防止这些数据被泄露或被不正当商业利用，并设定了具体的保护条件和保护路径。

（一）药品试验数据的保护条件

1. 使用新化学成分药品

TRIPS 第 39 条第 3 款并非对所有申请上市的药品试验数据给予保护，只有使用这些数据的目的是批准使用新化学实体（New Chemical Entity，NCE）的药品上市时，才能获得相应的法律保护。新化学实体意味着申请上市的药品是原研药或新药，作为首次申请上市的新药，药品的临床试验数据必然包含了相当的努力，具有保护价值。

2. 试验数据为原创数据

TRIPS 第 39 条第 3 款要求未披露试验数据为原创数据。这一要求意味着，这些数据应当是企业为申请药品上市，通过临床试验等方式首先取得的原始数据，并首次用于药品上市申请。换言之，TRIPS 第 39 条保护的对象应为原研药的上市审批数据，是药品研发成功后首次进行上市审批的未披露数据。设定原创数据条件的目的是限制仿制药利用这些未披露数据进行同样产品的上市申请。

3. 获取试验数据包含了相当努力

政府相关机构要求药品提交相关的上市审批数据，目的在于确定药品的安全性和有效性。这些数据应当是药品在进行临床前、临床等试验时，为证明药品的安全性和有效性取得的大量相关试验数据，往往需要付出相当大的努力。TRIPS 第 39 条第 3 款对能够得到协定保护的试验数据设定了基本门槛，即只有包含了相当努力取得的未披露试验数据，才是 TRIPS 保护的对象，并非有关原研药的所有试验数据都能够作为商业秘密得到 TRIPS 的保护。但由于"相当大的努力"很难界定，这一条件也因此受到很多诟病。

（二）保护路径：防止不正当商业使用和泄露

按照 TRIPS 第 39 条第 3 款的规定，各成员应当保护药品试验数据，防止该数据被不正当商业使用和披露。政府有义务防止数据泄露，除非是出于保护公众需要，或者已经采取措施保护数据不被不正当商业使用。该款"不正当商业使用"的措词较为抽象，TRIPS 也并未对何为"不正当商业使用"加以进一步确定，各成员在域内立法中拥有一定的灵活性。一般认为，"不正当商业使用"是指禁止挪用（bans on misappropriation），就是在未经数据提交人授权的情况下，不能挪用这些数据去批准其他药品的上市申请。第三方以不正当手段获取这些数据并用于申请，属于不正当商业使用。对于审批机构使用这些数据是否属于"商业性"使用的解释是，审批机构的这些使用具有商业影响，可将其视为商业使用，其原理是如果审批机构没有使用试验数据来批准其他产品，就不能将药物产品商业化。●

TRIPS 第 39 条第 3 款规定了对未披露试验数据保护的一般例外，即保护公众需要。成员如果在域内出现保护公共利益的需要，可以不再履行该条规定的不泄露义务，可以授权第三方使用该未披露试验数据，如允许仿制药企业利用其进行上市审批等行为。

三、我国药品试验数据的商业秘密保护

按照 TRIPS 第 39 条第 3 款对药品试验数据进行保护，是我国加入世界贸易组织承诺的内容之一。2001 年我国加入世界贸易组织后，立法与 TRIPS 相衔接，对药品试验数据保护作出了与 TRIPS 第 39 条第 3 款基本一致的规定。2002 年，我国公布《药品管理法实施条例》。该实施条例在 2016 年进行了第一次修订，2019 年进行了第二次修订，但均保留了对药品试验数据的商业秘密保护。

我国对处于保密状态的试验数据给予保护，禁止其他人利用该数据进行不正当商业利用。按照《药品管理法实施条例》第 34 条的规定，"国家对获得生产或者销售含有新型化学成份❷药

---

❶ SHAIKH O H. Access to medicine versus test data exclusivity：safeguarding flexibilities under international law ［M］. Heidelberg：Springer – Verlag，2016：43.

❷ "成份"应为"成分"，原法条如此，未作修改，下同。——编辑注

品许可的生产者或者销售者提交的自行取得且未披露的试验数据和其他数据实施保护，任何人不得对该未披露的试验数据和其他数据进行不正当的商业利用"。如果没有取得该试验数据所有人的同意，药品监督管理机构不能对其他申请人使用这些数据进行的药品申请给予许可。这里需要特别说明的是，我国还对药品监督管理机构不许可其他申请人的具体期间进行了明确规定，该期间是自最先申请人获得生产销售药品许可证明文件之日的 6 年。该 6 年期间显然不是对申请人的商业秘密保护而言，因为只要处于保密控制之下，商业秘密没有法定保护期间。这一期间是对药品监督管理部门而言，在该期间内不会授权其他药品的上市许可。同时，我国立法和 TRIPS 第 39 条第 3 款一样，作出了披露试验数据的例外情形，即公共利益需要和已采取措施确保数据不会被不正当地商业利用。

除了《药品管理法实施条例》，我国 2020 年公布新修订的《药品注册管理办法》第 109 条第 3 款中，对药品试验数据商业秘密也作出了类似的保护性规定，"未经申请人同意，药品监督管理部门、专业技术机构及其工作人员、参与专家评审等的人员不得披露申请人提交的商业秘密、未披露信息或者保密商务信息，法律另有规定或者涉及国家安全、重大社会公共利益的除外"。

四、药品试验数据商业秘密保护存在的不足

药品试验数据本身不会像药品一样创造商业利润，其作为商业秘密的价值在于阻碍其他竞争对手提前获得药品的上市许可。从 TRIPS 第 39 条第 3 款及各国国内类似立法可以看出，国家行政机关也是基于此目的，承担对申请人提交的药品试验数据的不

披露责任。但以商业秘密方式对药品试验数据进行保护，从药品行政审批与创新激励的整体逻辑视角看，还是存在一定的不足。

（一）各国法律冲突影响药品国际贸易

尽管世界贸易组织成员的立法中基本做到与 TRIPS 第 39 条第 3 款规定的衔接一致，对药品试验数据给予商业秘密保护，但由于 TRIPS 第 39 条第 3 款本身的含糊性，使得各成员立法差异较大。一方面，关于药品试验数据的保密范围问题。药品试验数据涉及Ⅰ期临床、Ⅱ期临床、Ⅲ期临床、Ⅳ期临床以及生物等效性等多阶段试验数据，是否未披露的数据都属于国家药品监督管理部门的保密范围，如何确定国家机构的有效监管范围，这些问题在国际条约中并未明确。虽然 TRIPS 谈判期间成员就产生了对确定有效保护监管数据的强烈期望，但在谈判期间并没有调和关于适当保护范围的分歧观点。这种分歧的结果就是，不同的成员可能会保护不同阶段的数据。在申请药品上市时，需要参考各成员的相关立法。另一方面，关于药品试验数据的保护条件问题。从 TRIPS 的现有规定来看，无论是对于新化学实体，还是对"付出相当努力"的保护条件，TRIPS 均未加以明确界定，含义较为模糊，需要各成员在域内法中予以确定。不同国家对药品试验数据保护法律规定的不一致，可能导致药品国际贸易和国家市场准入方面的法律冲突和复杂性。持续评估和调整现有法律政策，适应新的科技发展和国际市场需求，是药品试验数据保护需要面对的问题。

（二）信息封闭影响试验数据共享

以商业秘密方式保护药品试验数据，势必将新药的原始临床试验数据封闭在各国药品管理机构之内。数据共享可以使更多科学家获得相关数据，是促进科技进步的关键因素。药品试验数据涉及公众对药品安全性和有效性的确信。因此，从某种意义上讲，其具有一定公共产品的属性。商业秘密的形式阻碍了数据的广泛共享，会限制医药领域的科学研究和知识累积，也可能阻碍其他研究人员和开发者利用这些数据进行进一步的研究和创新。如果不必对全部药品试验数据进行保密，但能够实现对原研药企业市场竞争优势的控制，显然会成为更优路径。因此，一些国家通过多种途径推动医药领域的数据共享，例如建立专门的药品数据库等。2024 年 7 月，我国国家中医药管理局和国家数据局印发《关于促进数字中医药发展的若干意见》，也强调推进药品数据的"共享复用"。

（三）医药市场的不确定性影响

从商业秘密保护的法律特点来看，无论对商业秘密控制的程度如何，如果单纯适用商业秘密的保护方式，都可能对医药市场竞争产生不确定性影响。由于商业秘密无法定的排他期间，在保密状态下，权利人可以始终持有其商业秘密。一方面，如果商业秘密控制得力，就会在相当长时期内产生排他效果。其他仿制药企业如果就相同药品申请药品上市，就必须重新进行不同阶段的临床试验，以最终得到审批药品安全性和有效性的必需试验数据。这势必为仿制药企业施加进行重复试验的不必要消耗，并导致延长原研药的市场独占期，提高药品成本，增加了公共卫生系统和患者的负担。正因如此，药品的生物等效性试验逐步得到普遍认可，避免了仿制药企业对已有药品进行重复试验。另一方面，如果商业秘密控制不得力，就会在很短时期内丧失排他效果。原研药企业试验确证一种药品的有效性和安全性，往往需要投入大量时间和金钱成本。一旦秘密丧失，其他仿制药企业就可以利用其药品试验数据申请上市，对原研药企业的市场独占期和创新积极性造成消极影响。因此，在传统商业秘密保护方式之上，药品试验数据需要确立新的保护方式。

基于以上不足之处，各国立法考虑对药品试验数据的独占权保护。由于药品独占权保护并未规定在TRIPS之中，主要通过双边或多边自由贸易协定的方式扩大保护范围。尽管存在这些不足，商业秘密保护依然是对未披露的含新化学成分药品试验数据的一种主要保护路径。

第三节　药品试验数据的独占权保护

药品的研发成本很高，涉及复杂的临床试验和长时间的研发周期，研发项目可能在临床试验阶段失败，无法回收任何成本。为了鼓励制药企业投资新药的研发，法律为药品试验数据提供了独占保护。最早规定药品试验数据独占权保护的法规是美国联邦食品、药品和化妆品法案，在Hatch-Waxman法案确立Bolar例外、药品专利期限延长及药品专利链接后，美国联邦食品、药品和化妆品法案也规定了药品试验数据的独占保护，进一步对公共健康与药品研发之间的关系加以平衡。我国也在逐步完善药品试验数据的独占保护制度。

一、药品试验数据独占权的法律构成

药品试验数据的独占权保护是一种在特定期间内由数据所有

人独占试验数据，排除他人利用该数据获取药品上市许可的特殊
保护。尽管在一些国家的国内立法中，没有明确将药品试验数据
独占权归入知识产权的范畴，但其与知识产权，尤其是专利权的
密切联系是不可忽视的。药品试验数据独占权拥有与知识产权类
似的一般法律特点，此种独占权具有地域性，仅在提交上市许可
申请的国家有效；其具有固定的法定独占期间，在该法定期间内
享有排他权，排除其他制药企业利用数据获取上市审批。因此，
在近年的双边或多边自由贸易协定中，均将药品试验数据独占权
规定在知识产权部分。与其他知识产权类型相比，药品试验数据
的独占权出现相对较晚，最早规定该独占权的美国也是在 1984
年才颁布相关立法。无论在理论还是实践方面，该独占权的适用
仍需结合各国实际情况加以确立及完善。结合药品试验数据独占
权已有国内立法及国际条约中的规定，其法律构成一般包含以下
四个方面。

（一）药品试验数据独占保护的对象：新药

药品试验数据的独占保护并非面向所有提交上市审批的药
品，只有新药的临床试验数据才有创新激励的价值。对于新药的
界定，各国立法有所不同，一般指含有全新活性成分的药品。我
国在 2019 年修订的《药品管理法实施条例》中规定，国家对获
得生产或者销售"含有新型化学成份"药品许可的生产者或者
销售者提交的自行取得且未披露的试验数据和其他数据实施保
护。但也有国家立法会包括新的适应证、新的医疗用途、新的给
药方式以及新的剂型等标准。还有国家会将针对罕见病的药物
（孤儿药物）纳入新药的适用范畴，即使该药活性成分已被用于其
他疾病，但如果是首次用于特定的罕见病，也可能被视为新药。

新药的认定和适用范围，会由于药品市场及时间的发展变化而发生变动，各国法律的规定不尽一致。在国际法领域内，虽然多处提及新药，但也尚未形成一致且成熟的认定规则。这一点在国际条约中已经明确加以承认，例如在《全面与进步跨太平洋伙伴关系协定》第 18.51 条第 3 款中规定"认识到对属于或包含生物成分的新药的国际和国内规制尚处于形成阶段，且市场情况可能随时间而不断变化，缔约方应在本协定生效之日起 10 年后进行磋商……"因此，各个国家和地区药品监管机构会根据本国或地区立法的具体定义和标准来界定新药的构成，对新药的具体定义和要求，需要参考各个国家和地区的具体法律规定。

（二）药品试验数据独占权适用的特定领域

药品试验数据的独占保护仅适用于药品上市注册审批这一特定领域。按照法律规定，药品上市审批的申请人在申请上市注册之前，要完成药品的药学、药理毒理学和药物临床试验等相关工作，要提供充实可靠的数据证明药品的安全性和有效性。新药药品试验数据取得独占权保护仅适用于上市审批程这一特定用途，可以排除其他申请人使用该数据申请药品的上市许可。药品试验数据独占保护是专门为药品上市注册审批程序设计的法律机制，药品非临床及临床取得的试验数据在法定期间内具有独占权，但不能限制他人利用已公开的数据进行药品研发、试验等其他用途。这种独占权为药品监督管理机构施加了一项消极义务，即在未经权利持有人授权的情况下，不得使用、依赖或引用此类数据批准另一药品的申请。

（三）药品试验数据独占权的法定期间

法定期间是药品试验数据独占权存在的重要表现。在法定期间内，药品试验数据的所有权人拥有排他权，防止其他仿制药企业在没有进行相应临床试验的情况下，使用受保护数据申请药品上市许可。如美国法典第 21 编第 355 条第（c）（3）（E）（ⅱ）和（ⅳ）款，为新化学实体规定了 5 年的数据独占期间，在该期间内，其他申请人不能依赖原研药的数据提交简化的新药申请或生物类似药申请。在该条的第（j）（5）（F）（ⅲ）款为药品的新适应证规定了 3 年的数据独占期间。欧盟的药品试验数据独占期间规定在第 2001/83/EC 号指令❶，该指令第 10 条为新药的药品试验数据提供 8 年的独占期间，在该期间内其他企业不得使用原始申请人提交的数据。在 8 年的独占期间基础之上，增加 2 年的市场独占期间。在此期间内，其他企业可以获得上市许可，但不能实际上市销售。如果新药申请人发现可以用于新的适应证，可以再增加 1 年额外的市场独占期间。因此，欧盟的药品试验数据独占期间也通常被称为 "8 + 2 + 1" 期间模式。除第 2001/83/EC 号指令之外，欧盟第 726/2004 号条例❷第 14 条也规定了相同的药品试验数据独占期间。

我国也规定了药品试验数据的独占期间。《药品管理法实施条例》第 34 条规定，自药品生产者或者销售者获得生产、销售

---

❶ Directive 2001/83/EC of the European Parliament and of the Council of 6 November 2001 on the Community code relating to medicinal products for human use, Official Journal of the European Communities 2001 [EB/OL]. [2024 - 08 - 30]. https：//eur - lex. europa. eu/legal - content/EN/TXT/PDF/?uri = CELEX：32001L0083.

❷ Regulation (EC) No 726/2004 of the European Parliament and of the Council of 31 March 2004 laying down Community procedures for the authorisation and supervision of medicinal products for human and veterinary use and establishing a European Medicines Agency, Official Journal of the European Communities 2004 [EB/OL]. [2024 - 08 - 30]. https：//eur - lex. europa. eu/legal - content/EN/TXT/?uri = CELEX：32004R0726.

新型化学成分药品的许可证明文件之日起 6 年内，对其他申请人未经已获得许可的申请人同意，使用其数据申请生产、销售新型化学成分药品许可的，药品监督管理部门不予许可。尽管我国规定了药品试验数据的独占期间，但缺少进一步的对象界定、类型划分等具体规定。我国在 2018 年发布了《药品试验数据保护实施办法（暂行)》征求意见稿，目前正在推进完善药品试验数据独占保护制度。

二、独占权保护相对于商业秘密保护的比较优势

从目前的立法来看，药品试验数据独占权保护与商业秘密保护之间是并行存在、互为补充的关系。商业秘密保护早于药品试验数据独占权保护，药品试验数据独占权是在商业秘密保护基础之上发展而来的一种保护方式。无论是药品试验数据的商业秘密保护还是独占保护，其目的是一致的，都是为了排除其他医药企业申请人利用其试验数据申请药品上市许可，以实现药品市场的独占优势。相对于商业秘密保护而言，药品试验数据独占权保护具有一定的比较优势。

首先，药品试验数据独占权保护的门槛较低。按照 TRIPS 第 39 条第 3 款的规定，药品试验数据取得商业秘密保护的要件之一是试验数据的取得应当包含了相当大的努力。而药品试验数据独占权并未要求申请人付出相当大努力取得的数据才能够获得保护，只要是自行取得的新药原始数据就可以得到独占保护，明显降低了对药品试验数据进行排他保护的门槛。

其次，药品试验数据独占权保护没有严格的"未披露"要求。药品试验数据获得商业秘密保护的前提条件是该试验数据属

于"未披露"的秘密数据，一旦成为公开信息，就无法获得商业秘密的保护。药品试验数据独占权保护则通过提供明确的法定保护期限，不再以"未披露"作为保护要件。在数据独占期间，即使试验数据失去保密状态，也可以享有排除其他医药企业进行药品注册申请的专有权。例如美国的 Hatch-Waxman 法案就修改了之前美国 FDA 关于不披露数据的规定，允许在仿制药基于原研药获得批准时披露的数据进行申请。❶ 此后，美国在与新加坡、摩洛哥等国缔结的双边自由贸易协定中均规定了药品试验数据的独占权保护，但均未以数据"未披露"作为独占保护的条件。❷ 当然，有些国家在提供独占保护的同时也要求是未披露的数据。但这种要求或者是独占权保护体制尚不完善的结果，或者是行政审查原始数据的便捷要求。因此，从某种意义上讲，药品试验数据独占权保护弥补了商业秘密公开后无法享有排他保护的缺陷，也可以说是对失去商业秘密保护药品试验数据的救济补偿。

最后，药品试验数据独占权保护有确定的保护期间。以商业秘密方式对药品试验数据进行保护，可以享有排他的保护期限，但这一期限并不确定。独占权保护则为药品试验数据提供了明确的独占期间，不再作严格的"未披露"要求，可以鼓励数据的公开。这种独占权保护对于仿制药竞争者而言，也是有利的，仿制药企业只要进行生物等效性试验即可。仿制药竞争者由于没有

---

❶　SHAIKH O H. Access to medicine versus test data exclusivity: safeguarding flexibilities under international law［M］. Heidelberg: Springer – Verlag, 2016: 11

❷　参考 2003 年美国 - 新加坡自由贸易协定第 16.8 条及 2006 年美国 - 摩洛哥自由贸易协定第 15.10 条。

专利，不可能容易向消费者收取足够的费用来收回这种试验的巨额成本，❶ 独占权保护可以使仿制药竞争者不必再行花费时间和成本进行药品的重复试验。在法定期间之后，药品试验数据可以为社会自由利用，包括用于药品的上市许可申请。即使在法定期间之内，数据也可以为其他医药企业用于药品的研发和测试等用途。因此，独占保护这种确定的保护期间有利于实现药品试验数据的共享，有助于药品领域的科学研究。

三、药品试验数据独占权与药品专利保护的关系

药品试验数据独占权保护与药品专利权保护可以实现共同的目的，就是对药品市场的独占。因此，药品试验数据独占权保护与药品专利关系密切，两者是并行但存在一定交叉的独立法律保护机制。清晰了解药品试验数据独占权保护与药品专利的关系，准确适用两种不同类别的独占权，应当从掌握两者的区别入手。

（一）药品试验数据独占权与药品专利保护的区别

尽管同属药品领域的独占权，甚至可以为同一种药品所有人同时享有，但药品试验数据独占权保护与药品专利是两种不同的独占权，两者的区别也较为明显。

首先，两种独占权的指向客体不同，这是两者的本质区别。药品专利客体是药品发明创造的技术方案，而药品试验数据独占权客体则是药品上市申请人为验证药品安全性和有效性，自行取

---

❶ REICHMAN J H. Rethinking the role of clinical trial data in international intellectual property law: the case for a public goods approach [J]. Marquette Intellectual Property Law Review, 2009, 13 (1): 5.

得的非临床及临床药品试验数据。一种是针对药品本身，另一种是对药品安全性和有效性进行测试的试验数据。

其次，两种独占权取得的条件不同。药品专利权取得需要满足更高的法定条件，它要求该药品发明创造满足新颖性、创造性及实用性的法定授权条件。而药品试验数据独占权则没有这么高的取得条件，只要药品试验数据是自行取得的原始数据，具有新颖性，就可以得到数据的专有保护。无法达到专利授权要求的药品，只要满足法律界定的新药标准，就可以通过药品试验数据独占保护实现对药品市场的独占。因此，也可以认为，药品试验数据是对药品专利的一种补充机制。

再次，两种独占权的排他性表现不同。药品专利拥有更强的排他效力，任何人未经专利权的许可都不得制造、使用、许诺销售、销售及进口专利药品。而药品试验数据仅在药品上市许可申请程序中具有排他性，仅能排除其他申请人利用其数据申请药品的上市许可。在药品上市许可程序之外，这种独占权就会消失。但与此同时，两者排他性受到的限制也不同。例如 Bolar 例外会限制专利权的排他性，但无法限制药品试验数据的排他性。药品试验数据的持有人可以基于试验数据的排他性保护，成功地排除其他仿制药竞争者基于 Bolar 例外而受益。

最后，相对于药品专利权，药品试验数据独占权的权利稳定性更强。按照专利法律规定，任何人均有权质疑专利权的有效性，提出专利的无效宣告申请。一旦专利权没有通过无效宣告请求审查，就会丧失专利权。但药品实验数据的独占权没有类似规定，只要独占权成立，独占权就不会受到有效性挑战。

通过以上对药品试验数据独占权与药品专利权的对比，我们可以发现，尽管药品可以同时受益于这两种独占权，但两者具有独立的法律效果。

（二）药品试验数据独占权：药品专利之外的补充保护

药品具有一定的特殊性，往往需要花费巨额投资进行新药的研发，单独依靠专利进行保护，有时可能无法收回药品的前期投资。药品试验数据的独占保护实际发挥了对药品在专利之外的补充保护作用。

但通过对两种独占权的对比，可能会产生这样的疑问：药品试验数据独占保护的门槛较低，但独占权不会受到有效性挑战，也不会受到 Bolar 例外产生的独占权限制，是否不仅是补充保护，而是一种更强的药品市场独占权？可以肯定的说，药品试验数据独占权不会也不应当发挥比药品专利更强的市场独占影响。因为，这是对药品试验数据独占权进行规定的设计初衷，数据独占期间一般应处于药品专利独占期间的范围之内。

尽管申请药品专利时，有关于试验数据的要求，但所要求的不是有关药品安全性和有效性的试验数据，而是基于化学发明的特殊性。在多数情况下，化学发明能否实施往往难以预测，必须借助于试验结果加以证实才能得到确认。例如对于化学产品的用途或使用效果，如果所属技术领域的技术人员无法根据现有技术预测发明能够实现的用途或使用效果，说明书中应当记载对于本领域技术人员来说，足以证明发明的技术方案可以实现或达到预期效果的定性或定量试验数据。❶ 这种试验数据与药品确定的安

---

❶ 国家知识产权局. 专利审查指南 2023 ［M］. 北京：知识产权出版社，2023：306－309.

全性和有效性数据不同，其一般的原则是，只要足以理解发明如何实施，并足以判断在权利要求所限定的范围内都可以实施并取得所述效果即可。因此，一般在药品获得专利授权后，才会展开药品的非临床及临床试验，并在取得药品的安全性和有效性数据后，向国家药品监督管理机构申请药品的上市许可。在取得药品上市许可后，利用药品专利的独占保护期间实现对药品的市场独占。药品发明专利拥有 20 年的独占期间，远长于药品试验数据的法定期间。可见，药品试验数据的独占权期间与专利权的独占期间一般是重叠的。换言之，即使没有药品试验数据的独占权，药品专利权人同样可以享有对药品的市场独占。

但专利法并非为药品量身定做，由于药品上市审批行政程序的存在，药品专利的独占保护功能可能被削弱。假定依据法律，药品试验数据的独占期间为 5 年。如果药品专利权人在取得有关药品安全性和有效性非临床及临床试验数据占用的时间较长，导致专利药品在取得上市许可后，能够享有的专利独占期间已经不足 5 年。那么，药品试验数据的独占期间就会发挥作用，确保药品专利权人在专利到期后，依然可以利用药品试验数据的独占期间实现对药品市场的独占优势。由此，药品试验数据独占权就实现了对药品专利市场独占的补充保护。

（三）药品试验数据独占权对药品专利权限制的影响

尽管药品试验数据独占权不会发挥比药品专利更强的市场独占作用，但两种独占权毕竟彼此独立，药品试验数据独占权也并不规定在专利法范畴之内，而是属于药品上市审批领域的行政立法。这就必然产生这样的问题，专利法体系内关于专利独占权的限制性规定并不适用于药品试验数据独占权。专利法体系内关于专利独占权的限制性规定主要表现为专利强制许可和药品行政审批例外，即 Bolar 例外。由于药品试验数据独占权与药品专利权会共同适用于同一药品，有必要清楚药品试验数据独占权对药品专利权限制性规定可能产生的影响。否则，可能造成两种独占权在实践适用中的法律冲突。

1. 药品试验数据独占权与药品行政审批例外

药品行政审批例外是直接针对药品上市审批程序规定的例外，基于该例外，如果为了获取药品注册审批要求的试验数据等信息，制造、使用、进口专利药品或者专利医疗器械的行为，不被视为专利侵权。

药品试验数据独占权与药品行政审批例外是否形成法律适用上冲突，首先应当判断两者是否可能在相同期间内并存。如果两者不会在相同期间内同时存在，就不会产生适用上的交集，也就不会出现法律适用上的冲突。如果可能在相同期间内存在，才需要进行两者是否存在冲突的进一步判定。按照《专利法》的规定，药品行政审批例外成立的前提是"为了获取"注册审批的试验数据。这就意味着，法律允许的例外行为应发生于提交药品注册审批之前。申请人启动注册审批程序时，提交的是"已经获取"的药品试验数据。而药品试验数据的独占期间则一般是自药品获得上市许可之日起计算。也就是说，《专利法》规定的药品行政审批例外只能发生在药品申请上市审批之前，而药品试验数据独占权则发生在药品获得上市许可之后，药品上市审批程序完美地分割了药品试验数据独占权与药品行政审批例外的适用期间。由于不存在两者共同适用的期间，药品试验数据独占权与药品行政审批例外在法律适用方面，不会形成冲突。

2. 药品试验数据独占权与药品专利强制许可

药品试验数据独占权是否会与药品专利强制许可的适用造成冲突，同样应当首先判断两者是否会发生于相同期间范围之内。药品专利的强制许可是对专利权人独占权的限制，在符合法律规定条件的情形下，国家机构可以允许申请人在未经权利人同意的情况下实施专利。理论上，在药品发明得到专利授权之后，专利权法定期间届满之前，均可以适用强制许可限制专利的排他权。药品试验数据独占权发生在药品获得上市许可之后的固定期间，其间一般存在于专利有效期间之内。因此，药品试验数据独占权与药品专利强制许可会出现在相同期间并存的情形。

专利强制许可是目前国际社会协调公共健康与知识产权私权间利益关系的重要方式。2022 年 6 月，世界贸易组织通过《关于 TRIPS 的部长级决定》，就是依赖专利强制许可协调新冠疫苗的全球可及性问题。授权强制许可的目的是限制药品专利权人的市场独占权，而药品试验数据独占权是在专利法体系之外保障药品的市场独占权。在维护药品市场独占权这一问题上，两者在法律适用实践中可能会形成冲突。

药品试验数据数据独占权作为一种独立不同的知识产权形式运作，无法通过强制许可来克服。❶ 换言之，即使授权专利强制许可限制了药品的市场独占权，药品试验数据的独占权仍然可以实现对药品市场的控制。只要数据独占权仍在有效期内，尽管强制许可允许仿制药企业生产药品，仿制药企业也无法使用原研药

---

❶ BAKER B K. Ending drug registration apartheid: taming data exclusivity and patent/registration linkage [J]. American Journal of Law & Medicine, 2008: 21.

品的试验数据来支持其上市申请，仍然无法避开药品上市审批的阻碍。对于这一问题，一些国家立法通过规定对应的药品试验数据强制许可或公共健康法定例外的方式加以协调。在重大公共健康危机或其他紧急情况时，可以取消数据独占权，从而允许仿制药迅速进入市场。

第五部分　国际医药专利
法律规范

第十二章

国际医药专利及
试验数据规则的进展

第一节　国际医药知识产权规则概述

医药专利法律规则是基于医药领域特殊性形成的规范体系，在国际知识产权保护方面也存在一套较为独特的规则体系。目前，医药专利相关规则已经成为国际知识产权规则体系中具有特定地位的法律规范内容。20 世纪以来，国际知识产权规则在医药领域取得较大发展。由于医药专利的特殊性和重要性，这一领域中的一些问题依然存在分歧，因此尚未形成统一的国际规则。

一、国际医药知识产权规则的演进

以医药为主要规范对象的国际知识产权法律规则形成相对较晚，以 TRIPS 为核心，但主要是分散于条约的原则性规定。在 TRIPS 之后，关于国际医药知识产权的具体规则逐步得到强化。这些规则的演进可以分为两条脉络，一是与 TRIPS 相关医药专利法律规则的演进，二是自由贸易协定中医药专利相关规则的发展。

（一） 与 TRIPS 相关专利规则的演进

在综合性国际知识产权条约中，TRIPS 对医药方面的知识产权进行了原则性规定。由于 TRIPS 主要在世界贸易组织框架之下讨论制定，且由世界贸易组织管理，因此 TRIPS 必然更多体现与贸易相关的知识产权内容。较其他知识产权客体而言，药品与公共利益的联系更为紧密，关乎消费者的公共健康。自 20 世纪 80 年代开始，各国国内立法中对药品行政审批例外陆续确立，医药专利权利人认为其排他性权利没有在现有规则体系中得到充分保护。在此背景下，保护医药知识产权的国际规则和维护公共健康的国际规则，几乎在同一时期得到了并行的发展。国际医药知识产权规则的发展主要通过双边或区域自由贸易协定的形式进行，例如在 TRIPS 缔结前后，美国与墨西哥、加拿大及约旦等国缔结的自由贸易协定中均规定了对于药品知识产权权利人进行保护的规则。在这些双边或区域自由贸易协定中，医药知识产权规则主要侧重维护医药知识产权权利人的利益。20 世纪末，非洲暴发公共健康危机，国际社会开始呼吁加强公共健康领域相关医药专利法律规则的调整，并最终形成现有国际专利法律规则的修改文件，突出代表是《多哈宣言》。《多哈宣言》体现了在国际层面对于专利权与公共健康关系的关注，加强了在专利领域对公共健康的维护。2019 年新冠疫情暴发后，围绕对 TRIPS 规则的修改，2022 年通过《关于 TRIPS 的部长级决定》。该决定同样是对 TRIPS 具体条款豁免的澄清。从 TRIPS 后期规则的相关内容来看，主要集中在利用专利强制许可解决公共健康危机这一领域。

（二）自由贸易协定中的医药知识产权规则演进

进入 21 世纪后，国际医药知识产权规则的地位日益重要，成为自由贸易协定中的重要组成部分。国际医药知识产权规则主要体现在双边、多边或区域自由贸易协定中，在这些协定中的知识产权部分一般以特定的条款或章节规定"与药品有关的措施"。以美国缔结的双边自由贸易协定为例，如果从规定内容的比例上看，药品有关措施的内容往往多于其他内容，几乎达到协定知识产权内容的1/6，这也表明了医药知识产权在国际知识产权规则体系中占有特殊的地位。在自由贸易协定中的国际知识产权法律规则已经形成较为固定的体系，包括基本原则、版权及有关权、商标、地理标志、外观设计、专利、商业秘密、知识产权执法措施等，其包含的药品有关的措施往往与"专利"并列加以规定。如《全面与进步跨太平洋伙伴关系协定》中 F 节标题为"专利和未披露试验数据或其他数据"，也表明了两者之间的密切联系。

自由贸易协定中的医药专利法律规则既包括与公共健康相关的条款，也包括对医药专利权人进行特别保护的条款。与公共健康相关的条款，意在强调《多哈宣言》的重要地位和具体实施。有关药品知识产权人保护的条款，则在保护范围、保护方式及保护标准方面均设定了明确的规范。除了专利规则，主要是对药品试验数据和其他数据进行特殊保护的规则。自由贸易协定中医药专利相关规则的特点是，更加强调对药品知识产权权利人利益的保护。由于各国医药产业发展水平不同，因此对于高标准医药知识产权保护条款的认可度差异较大。这种分歧也是目前医药知识产权规则选择以双边或多边自由贸易协定形式发展的主要原因，且并未形成全球性的一体化规则。

二、国际医药知识产权法律规则的主要法律渊源

法律渊源是法学中比较基础的概念，一般指法律的来源。医药专利没有专门的国际条约，一般规定在综合性的国际知识产权条约之中。这种综合性的国际知识产权条约包括全球性国际知识产权条约，也包括区域性国际知识产权条约；包括专门以知识产权为保护对象的国际条约，也包括自由贸易协定系列规范中的知识产权部分。除国际知识产权条约本身以外，对国际知识产权条约中具体规则进行解释、澄清的宣言或决定，也是国际医药知识产权法律规则的主要渊源。此外，世界贸易组织在知识产权领域的专家组裁决对医药专利法律规则的解释和界定也具有较强的指导性价值。

（一）TRIPS

TRIPS 是由世界贸易组织管理的综合性知识产权国际条约，1995 年正式生效，也是目前全球范围内最重要的国际知识产权条约之一。TRIPS 于 2005 年进行了修订，修订文本于 2017 年生效。

TRIPS 为医药知识产权与公共健康之间的关系提供了指导性原则。TRIPS 第 8 条第 1 款中规定："各成员在制定或修改其法律和法规时，只要与本协定的规定相一致，可采用对保护公共健康和营养、促进对其社会经济和技术发展至关重要部门公共利益所必需的措施。"TRIPS 第 8 条被认为是对该协定进行解释的基础条款之一，用来解决 TRIPS 所规定私权与公共利益之间的关

系，例如公共健康。❶ 其后，关于 TRIPS 具体条款适用的世界贸易组织声明、决定，以及争端解决机构进行的裁决案例中，均援引了第 8 条的规定，处理与药品相关的争议问题。

除了指导性原则，TRIPS 还在具体条款中对医药领域的有关问题进行了规定。TRIPS 第 27 条对"可专利客体"的规定，直接限定了医药领域不能被授予专利的内容，规定各成员可以拒绝对"人类或动物的诊断、治疗和外科手术方法"授权专利。各国专利法应与 TRIPS 规定保持一致，因此，该项不可专利的具体内容在各国专利法中均有所体现。2005 年 TRIPS 修改后，在条文中新增第 31 条之二，对成员向药品生产能力不足国家进行药品出口的专利强制许可问题进行了特别规定。

（二）有关遗传资源的国际条约

遗传资源的利益分享与信息披露会影响利用遗传资源的药品专利申请与实施。与此类遗传资源相关的国际条约主要是《生物多样性公约》和《产权组织关于知识产权、遗传资源和相关传统知识条约》。

1.《生物多样性公约》

《生物多样性公约》于 1992 年在巴西里约热内卢举行的地球峰会上签署，并在 1993 年生效。该公约认识到生物多样性不仅关乎植物、动物、微生物及其生态系统，还关乎人类的食品、药

---

❶ ROMERO T. Articles 7 and 8 as the basis for interpretation of the TRIPS Agreement [EB/OL]. [2024 - 05 - 24]. https://www.academia.edu/43305242/Articles_7_and_8_as_the_basis_for_interpretation_of_the_TRIPS_Agreement#: ~ : text = Thamara%20Romero.%202020,%20South%20Centre%20Policy%20Brief%2079.%20Articles%207.

品安全❶，推动了国际社会的生物多样性保护及由遗传资源利用产生利益的公平合理分享。

《生物多样性公约》本身没有直接要求专利申请人公开遗传资源信息，即没有明确规定专利申请中必须披露遗传资源的来源。但该公约规定了国家对其领土内遗传资源的主权，提出了利用遗传资源的事先知情同意（prior informed consent）和获取与利益分享（access and benefit sharing）原则。在该公约的影响下，一些国家在本国专利法中规定了基于遗传资源专利申请的披露要求，以保证专利申请人在利用遗传资源时能够遵守合法获取和利益分享原则。

2.《产权组织关于知识产权、遗传资源和相关传统知识条约》

2024 年 5 月，世界知识产权组织批准了《产权组织关于知识产权、遗传资源和相关传统知识条约》。该条约在 2001 年时已经启动，历时 20 余年，是国际社会在遗传资源信息公开方面取得的新突破。

该条约在国际法中为基于遗传资源或相关传统知识的发明专利申请人确立了新的公开要求。该条约第 3 条第 1 款明确规定了对遗传资源的公开要求。根据该条规定，如果专利申请中的发明以遗传资源为基础，各缔约方应要求申请人公开遗传资源的原产国。如果申请人不知道遗传资源的原产国信息或存在其他不适用的情况，申请人应当公开遗传资源的来源。该条约生效后，如果专利申请中要求保护的发明是基于遗传资源形成，则每个缔约方

---

❶ CBD. The convention on biological diversity［EB/OL］.［2024 - 05 - 24］. https：//www. cbd. int/convention.

都应要求申请人公开遗传资源的原产国或来源。如果专利申请中要求保护的发明基于与遗传资源相关的传统知识，则每一缔约方均应要求申请人公开提供传统知识的土著人民或当地群体。❶ 基于该条约，利用遗传资源进行药品专利申请的发明人将履行公开要求，势必推动此类药品的共享。

（三）世界贸易组织部长级会议通过的相关决定

1.《多哈宣言》

2001 年 4 月，津巴布韦代表非洲集团要求 TRIPS 理事会召开关于药品获取问题的特别会议。❷ 在随后发展中国家提交的系列材料中，指出 TRIPS 第 31 条（f）项中的强制许可规则不合理地限制了在进口国没有足够国内药品生产能力情况下，从出口国获得进口药品。发展中国家的努力取得成果，最终在 2001 年 11月通过《多哈宣言》。《多哈宣言》在 TRIPS 第 8 条基础上强调，"TRIPS 不能也不应该阻碍成员采取措施保护公共健康。协定能够而且应该以支持 WTO 成员保护公共健康，特别是促进所有人获得药品权利的方式加以解释和执行。"

《多哈宣言》承认了知识产权对于药品价格的影响，并重申TRIPS 的条款不应对各成员采取应对公共健康危机的措施造成阻碍，各成员可以充分利用 TRIPS 条款赋予的灵活性。同时，就TRIPS 可能存在的药品获取方面的阻碍问题，该宣言在第 6 段提

---

❶ WIPO member states adopt historic new treaty on intellectual property, genetic resources and associated traditional knowledge [EB/OL]. [2024–05–24]. https://www. wipo. int/pressroom/en/articles/2024/article_0007. html.

❷ CORREA C M. Implications of the Doha Declaration on the TRIPS Agreement and Public Health [R]. the World Health Organization, 2002: 44.

出了解决实际问题的具体要求。根据第 6 段的内容：由于有些世界贸易组织成员在药品领域的制药能力不足或根本没有制药能力，在利用 TRIPS 强制许可方面存在障碍，TRIPS 理事会应尽快寻求解决问题的方法。基于此，世界贸易组织在 2003 年达成《多哈宣言第 6 段执行》，对 TRIPS 第 31 条（f）项和（h）项进行修改。并将对 TRIPS 第 31 条（f）项和（h）项的修改作为副款附于第 31 条之后，成为第 31 条之二，允许成员在对符合条件的进口成员出口药品时，豁免强制许可产品应主要供应域内市场的义务。

《多哈宣言》的通过意味着，在执行 TRIPS 时需要特别注意的一个问题，就是承认与公共健康有关的专利应该得到与其他专利的不同对待。宣言阐述了 TRIPS 在公共健康领域的宗旨，确认了成员在 TRIPS 下享有保留的权利，可以通过界定 TRIPS 允许的灵活性解决公共健康领域的问题。

2.《关于 TRIPS 的部长级决定》

《关于 TRIPS 的部长级决定》是为了应对 2019 年暴发的全球新冠疫情，世界贸易组织在 2022 年 6 月第 12 届部长级会议上通过的疫苗专利豁免决定。该决定通过的主要目的是通过对 TRIPS 相关条款的豁免和澄清，解决其可能对疫苗全球可及性造成的阻碍。

该决定是世界贸易组织为应对全球新冠疫情，在知识产权领域进行回应的一项重要法律文件此，为疫苗专利豁免提供了国际法依据。该决定与《多哈宣言》类似，都是通过强制许可的路径解决所面临的全球公共健康问题，主要对 TRIPS 第 31 条（b）项和（f）项的规定进行了修正。该决定的主要目的是赋予成员实施强制许可的灵活性，在其第9段中明确了对于TRIPS灵活性适用的态度："本决定不影响各成员TRIPS灵活性的适用，包括在《多哈宣言》中确认的灵活性，也不影响它们在TRIPS下的权利和义务，但第3（b）段另有规定的除外。"该决定中明确了一些TRIPS可适用灵活性的规范，为各成员适用疫苗专利强制许可提供了灵活空间。该决定通过后，许多成员开始寻求通过制定域内立法，强化在疫苗专利的强制许可领域适用TRIPS灵活性。

（四）《全面且进步的跨太平洋伙伴关系协定》

《全面且进步的跨太平洋伙伴关系协定》脱胎于《跨太平洋伙伴关系协定》（TPP）。《跨太平洋伙伴关系协定》最早在新西兰、智利、文莱和新加坡四国之间展开，2009年美国加入后，《跨太平洋伙伴关系协定》谈判取得突破性进展，《跨太平洋伙伴关系协定》成为跨太平洋地区国家谈判的主要贸易协定。2015年《跨太平洋伙伴关系协定》协定达成，其中第18章为知识产权章。2017年美国退出《跨太平洋伙伴关系协定》，《跨太平洋伙伴关系协定》其余的11个谈判成员国继续推动协定的签署，并将《跨太平洋伙伴关系协定》更名为《全面且进步跨太平洋伙伴关系协定》。2018年12月30日，《全面且进步的跨太平洋伙伴关系协定》协定正式生效。《全面且进步的跨太平洋伙伴关系协定》冻结了20项原《跨太平洋伙伴关系协定》中的条款，在《全面且进步的跨太平洋伙伴关系协定》冻结的20个条款中，其中有11项为协定第18章中的知识产权条款，而这些条款主要是涉及药品保护的相关条款。

《全面且进步的跨太平洋伙伴关系协定》是亚太国家组成自

由贸易区的一项重要贸易协定，与医药有关的知识产权规则也主要规定在该协定的第 18 章。《全面且进步的跨太平洋伙伴关系协定》在第 18.6 条表明了对《多哈宣言》所持的态度，要求缔约方确认其在《多哈宣言》中的承诺。规定第 18 章的义务不会且不得阻止缔约方采取措施保护公共健康。知识产权章能够且应该以支持每一缔约方保护公共健康，特别是促进所有人获取药品权的方式加以解释和实施。每一缔约方有权确定构成国家紧急状态或其他极端紧急的情况，与艾滋病、肺结核、疟疾和其他传染病相关的公共健康危机，可以构成国家紧急状态或其他极端紧急情况。除此之外，《全面且进步的跨太平洋伙伴关系协定》还对遗传资源信息披露、药品专利期间延长以及药品试验数据等医药领域的具体知识产权问题进行了规定。

三、国际医药知识产权规则的特殊性

与其他客体类别的国际知识产权法律规则相比，国际医药知识产权法律规则具有较为突出的特殊性。

（一）以专利为核心的规则体系

药品可以利用多种类别的知识产权进行保护，涉及多类别知识产权法律规则的协调，但专利是药品知识产权保护的核心内容。权利人可以利用专利对药品发明进行保护，这也是在 TRIPS 规则体系下，可以对药品进行保护的主要方式。除专利保护以外，主要涉及药品试验数据的商业秘密保护和独占权保护。TRIPS 第 39.3 条规定了以商业秘密方式对药品实验数据进行的保护，在双边、多边及区域自由贸易协定中，侧重发展了对药品试验数据的独占权保护。尽管这种独占权保护既不同于专利，也不同于商业秘密保护，但主要是对药品专利保护的补充保护方式。

（二）医药利益主体多元化

医药专利及相关法律规则涉及的利益主体比较复杂，呈现多元化的发展态势。现有的医药知识产权保护涉及的利益主体除包括专利权、商业秘密、药品试验数据权利人及各相对主体外，还包括对药品进行行政审批的管理机构。这种利益主体的多元化决定了涉及相关利益的差异化和复杂化，既包括权利人与相对主体之间的利益平衡，也包括权利人私权利益与公共利益之间的平衡。

（三）医药专利及相关法律规则的零散化

从医药知识产权的发展现状来看，国际医药知识产权法律规则虽然日益丰富，并在大体上形成体系化的发展趋势。国际医药知识产权规则体系既包含了与公共健康有关的规则，又发展了对权利人进行多路径保护的私权规则。但由于规则所涉及利益的复杂化，还很难在国际层面形成全球一体化规则，因此主要以双边、多边或区域自由贸易协定的方式发展。从具体的医药专利及相关规则来看，不同领域的规则之间并没有形成相互协调的结构体系，这些都是导致目前国际医药专利及相关规则呈现零散化特征的原因。

第二节　国际医药专利法律规则的具体体现

与国际医药专利法律规则的发展脉络相对应，规则的具体体现分为与 TRIPS 相关的规则和自由贸易协定中的规则。关于 TRIPS 相关的医药知识产权规则，基于前面相关具体章节已对

TRIPS 相关的规则作较为详细的阐述，本节重点介绍世界贸易组织 2022 年通过的《关于 TRIPS 的部长级决定》。关于自由贸易协定中的医药专利及相关规则，对双边自由贸易协定和区域自由贸易协定分别加以介绍。由于双边自由贸易协定主要由美国主导进行，双边自由贸易协定重点介绍以美国为核心缔结的自由贸易协定，区域自由贸易协定则以《全面且进步的跨太平洋伙伴关系协定》中的相关内容为主。

一、《关于 TRIPS 的部长级决定》：疫苗专利豁免

（一）《关于 TRIPS 的部长级决定》的前期提案

2020 年 3 月 11 日，世界卫生组织宣布新型冠状病毒疾病为全球流行性疾病。世界贸易组织也意识到，这一全球性流行疾病对全球贸易和经济造成了前所未有的破坏。❶ 由于不同国家经济发展水平不均，新冠疫情初期，疫苗全球分配出现严重不公平现象。

在这种严峻形势下，2020 年 10 月 2 日，印度和南非向世界贸易组织提出议案，认为世界贸易组织成员应当共同努力，确保知识产权不会对价格可负担的疫苗等医疗产品的获取、研发及生产构成阻碍。该提案名称是《为预防、抑制及治疗新型冠状病毒豁免 TRIPS 特定条款》❷，请求对于 TRIPS 第二部分的第 1 节、

---

❶ WTO. COVID – 19 and world trade ［EB/OL］. ［2024 – 08 – 30］. https：//www. wto. org/english/tratop_e/covid19_e/covid19_e. htm.

❷ Council for Trade – Related Aspects of Intellectual Property Rights，Waiver from Certain Provisions of the TRIPS Agreement for the Prevention，Containment and Treatment of Covid – 19，Communication from India and South Africa，IP/C/W/669，2 October 2020. 2021 – 12 – 20.

第 4 节、第 5 节、第 7 节规定的实施、适用和执行，TRIPS 理事会尽早建议给予豁免。2021 年 6 月 18 日，欧盟向世界贸易组织提出《疫情形势下关于 TRIPS 与公共健康总理事会声明草案》。欧盟草案认为世界贸易组织规则本身允许在紧急情况下对专利进行强制许可，并不需要额外的豁免，❶ 主张将解决问题的核心聚焦于专利强制许可。而印南联合提案认为，在新冠疫情下，应当主要解决专利强制许可实施受到限制这一问题，以此提升强制许可实施的法律确定性和有效性。为了调和不同立场并形成最终文本草案提交世界贸易组织第 12 届部长级会议讨论，在 TRIPS 理事会组织下，印度、欧盟、美国、南非四方代表根据不同提案，起草了一份"TRIPS 新冠肺炎解决方案"的四方文本（Quad text）❷。四方文本赞同利用第 31 条规定的强制许可，对该独占权加以限制，符合条件的成员可以在必要程度内，不经权利人同意授权其他实施主体对生产或供应新冠疫苗的专利客体进行使用。由此，世界贸易组织成员初步达成意向，将 TRIPS 与新冠疫情的结合点确定为"新冠疫苗专利"，将实现知识产权共享的主要路径确定为专利领域的"强制许可"。经过多重博弈，世界贸易组织最终在 2022 年 6 月 17 日第 12 届部长级会议上通过《关于 TRIPS 的部长级决定》。该决定以四方文本为基础，核心内容集中于对"疫苗专利"的豁免，这是世界贸易组织在知识产权领域应对全球新冠疫情的重要成果。

---

❶　TRIPS, Uruguay Round Agreement, PartII: Standards concerning the availability, scope and use of Intellectual Property Rights, Article 31 (b).

❷　Council for Trade Related Aspects of Intellectual Property Rights, Communication from the Chairperson, IP/C/W/688, 3 May 2022.

(二)《关于 TRIPS 的部长级决定》的豁免表现

该决定的主要内容规定了具体适用的法条，即 TRIPS 第 31 条和第 39 条。TRIPS 第 31 条规定了专利强制许可，列举了世界贸易组织成员授权专利强制许可应当遵守的限制性要求。TRIPS 第 39 条规定对"未披露信息"，即商业秘密的保护。该决定分别对第 31 条（b）项、（f）项、（h）项和第 39 条第 3 款进行了豁免和澄清，符合条件的成员可以适用该决定的豁免和澄清。按照该决定，符合条件的成员主要指发展中国家成员。

除前文已经解释的第 31 条（b）项"许可前协商义务"、第 31 条（f）项"供应域内市场义务"、第 31 条（h）项"支付权利人报酬义务"豁免和释明外，还包括对第 39 条第 3 款"试验数据的商业秘密保护"的释明。

TRIPS 第 39 条要求成员对商业秘密提供法律保护，该条第 3 款规定了对"未披露的试验数据和其他数据"的法律保护。TRIPS 第 39 条第 3 款对药品未披露试验数据保护的背景是，政府相关机构将未披露实验数据或其他数据的提交，作为药品在域内市场销售的上市审批条件。该条款对未披露疫苗试验数据以商业秘密的方式进行保护，保护的条件是这些数据未被披露、只有通过巨大努力才能获得，保护方式是保护这些数据不被披露，以防止对这些数据的不正当商业使用。按照该决定的释明，成员对该款可以理解为，不妨碍符合条件成员快速批准使用强制许可授权生产的新冠疫苗。

二、自由贸易协定中的医药专利及相关规则：以美国自由贸易协定为例

美国在 TRIPS 后缔结双边或区域自由贸易协定的知识产权部分中，大多将有关医药保护的知识产权规则以独立节或条款的形式加以规范。该独立列出的条款名称一般为与特定规制产品相关的措施（measures related to certain regulated products），涵盖药品、生物制剂和农业化学品等范畴。

（一）药品试验数据的法律保护

加强对与药品安全性和有效性相关的试验数据或其他数据保护是自由贸易协定医药知识产权规则的主要内容。以美国为代表，按照美国在自由贸易协定中对试验数据保护的模式区分，可以将其对药品试验数据的保护分为两个阶段：第一个阶段是"TRIPS 基本遵循阶段"，第二个阶段是"独占权保护阶段"。第一个阶段是指美国在 TRIPS 生效之初缔结的自由贸易协定，对药品保护内容有所增加，但基本上尊重了 TRIPS 中确定的框架和原则。因此，这一阶段可以称其为"TRIPS 基本遵循阶段"。

1. TRIPS 基本遵循阶段的保护

这一阶段美国缔结的自由贸易协定代表是 1994 年的北美自贸协定和 2001 年的美国－约旦自由贸易协定等。TRIPS 生效后，美国－约旦自由贸易协定是美国对外签订的第一项双边自由贸易协定。该协定第 4 条规定了知识产权的保护，其中对药品知识产权的保护主要表现为三项：未披露实验数据或其他数据的保护、专利期限的延长和通知专利人。其中，专利期限的延长和通知专利人是 TRIPS 中没有但在该协定中新增的内容。

2. 独占权保护阶段

在美国-约旦自由贸易协定后，美国认为双边自由贸易协定虽然在医药保护水平方面有所提高，但局限于 TRIPS 框架下的规则，依然不足以实现对药品知识产权权利人的充分保护。因此，自 2004 年美国-智利自由贸易协定起，开始在自由贸易协定中逐步推行药品试验数据的独占权保护规则，不再囿于 TRIPS 的商业秘密保护模式。这种独占权保护模式的特点是，以药品相关试验数据及信息在一定期间的独占保护为主，结合药品的商业秘密与专利保护模式，在国际知识产权保护体系中形成以药品为核心的多重综合性保护规范。从美国-智利自由贸易协定到美国-澳大利亚、美国-摩洛哥、美国-韩国等自由贸易协定，其中关于药品试验数据保护的总体框架基本不变。

在药品试验数据的独占权保护阶段，协定为首次提交数据的权利人提供对药品试验数据的独占保护期间。在该独占保护期间之内，任何第三方不能基于该试验数据申请同样或类似药品的上市审批。在美国后期缔结的双边自由贸易协定中，药品实验数据的独占保护与商业秘密保护及专利保护并存，对药品实现了不同知识产权类型的多重保护。美国-智利自由贸易协定缔结于美国-约旦自由贸易协定之后，知识产权主要规定在第 17 章，是美国药品知识产权独立保护模式开启的第一个自由贸易协定。与美国-约旦自由贸易协定相比，2004 年缔结美国-智利自由贸易协定对药品试验数据给予 5 年的独占期间保护，同时缔约方还要依商业秘密方式对未披露数据加以保护，保证信息不被披露。自此以后，美国几乎所有缔结的双边自由贸易协定都作出了类似的规定，即如果一国要求以提交有关药品安全性或有效性的未披露试验数据或其他数据，作为新药上市审批的条件，则自提供信息人在该国市场批准之日起至少 5 年内，不应允许任何第三人在没有提供信息人同意的情况下，在市场上销售基于该信息的同样或类似的药品，也不应允许授权提交该信息人的市场审批。

从美国－澳大利亚自由贸易协定开始，除对有关药品安全性和有效性未披露实验数据进行独占保护外，增加了对新临床信息的独占保护。如果一种药品包含了之前已经被授权上市销售的另一种药品中的化学成分，则在该药品申请上市审批时，政府会要求提交有关该药品的新临床信息。这些新临床信息是政府审批此种类型药品上市销售的必不可少信息，往往也包含了首次提交信息人的一定努力。对于此类新临床信息，在美国缔结的双边自由贸易协定中也给予了独占保护，不过独占保护期间短于有关药品安全性和有效性的实验数据，一般为 3 年，例如 2012 年缔结美国－韩国自由贸易协定第 18.9 条第 2（a）款的规定。

（二）药品专利保护规范

因药品上市审批程序和各国药品行政审批例外的存在，导致药品专利权人享有专利独占期限的缩减，专利权人开始寻求通过其他途径保护专利期限的独占利益。美国通过在自由贸易中规定与药品专利保护有关的条款，保证药品权利人排他权不受药品行政审批例外的影响，体现在美国双边自由贸易协定中的与药品专利相关规则主要表现为药品专利期限的延长和对专利权人通知的措施。

1. 专利期限的延长与保证

药品专利期限延长意在对药品专利权人因药品上市审批占用的时间进行补偿，一些国家国内法律中也存在药品专利期限延长的规定。专利权人的专利独占期限会因为药品上市所需的市场审批程序而缩减，美国通过其签订的自由贸易协定，将这一专利期限延长规则向其他国家输出。2001 年的美国–约旦自由贸易协定已纳入了这一规范。该协定第 4 条第 23 款规定了专利期限的延长："对于包含专利的药品，各方应延长专利期限以补偿专利所有人因市场审批程序造成的专利期限不合理缩减"。随后的美国–智利等自由贸易协定有着基本一致的内容。

在美国–智利自由贸易协定之后，美国签订的双边自由贸易协定中有关专利期限的延长条款有所调整，将专利期限延长条款的名称修改为专利期限的保证。作出这种修改的原因在于，由于药品试验数据及新临床信息的独占期保护，药品权利人实际享有的市场独占期已经得到保障，甚至可能长于专利法所授予的独占保护期限。为此，美国对原来自由贸易协定中的专利期限延长条款作出调整，不再要求缔约国对因药品上市审批程序造成的期限缩减给予延长，而是要求对药品权利人享有的实际长于专利保护期限的市场独占期给予保证。首先对这一规定进行调整的是2005 年的美国–澳大利亚自由贸易协定，在该协定第 17.10 条第3 款中规定，市场审批程序中相关试验数据受到保护的产品，如果同时也受到该缔约国内专利法的保护，任何缔约方不能改变依药品试验数据及新临床信息提供的保护期限，即使专利保护期限的终止日期早于依药品试验数据及新临床信息保护可以得到的保护期限。美国其后缔结的自由贸易协定，在专利期限保护方面作出基本类似的规定。例如在 2012 年美国–韩国自由贸易协定第18.9 条第 4 款中也作出了类似的规定。

2. 专利权人的通知措施

自由贸易中的专利人通知措施要求，缔约国上市审批机构在收到非专利权人（一般指仿制药企业）有关专利药品的上市审批申请时，应当通知专利权人。自由贸易中规定通知措施的目的是使专利权人了解相关其他药品上市申请人的身份信息，并决定是否对申请人提出相关专利侵权诉讼。专利权人的通知程序与专利期限延长条款，首先同时出现在 2001 年的美国－约旦自由贸易协定。但在美国－约旦自由贸易协定中的规定还较为简单，例如该协定第 4 条第 23 款规定，缔约国"应通知专利所有人在专利保护期间申请市场准入的任何第三人的身份信息"。在其后的美国－澳大利亚、美国－韩国等自由贸易协定中，专利权人的通知程序一直没有改变，只是通知信息内容等条款不断完善。除规定通知专利权人有关第三人的身份信息之外，还要求缔约方采取阻止其上市销售的具体措施等。

（三）美国－墨西哥－加拿大协定的医药知识产权新近规则

北美自由贸易协定（NAFTA）由美国、墨西哥和加拿大缔结于 1994 年。美国－墨西哥－加拿大协定（USMCA）在 2018 年缔结，该协定全面更新取代了 1994 年的北美自由贸易协定，并于 2020 年 7 月 1 日生效。1994 年美国与墨西哥、加拿大缔结北美自由贸易协定时，已经基本确定 TRIPS 生效文本的内容。因此，在北美自由贸易协定中有关药品知识产权的保护内容基本与 TRIPS 一致。基于地缘政治的影响，北美自由贸易协定对美国的对外贸易有着重要影响。在美国推动下，2018 年，美国、加拿大和墨西哥达成重新修订北美自由贸易协定的一致意见，并缔结美国－墨西哥－加拿大协定。美国－墨西哥－加拿大协定完全修改了北美自由贸易协定有关医药知识产权的保护规则，吸收了在双边自由贸易协定及《全面且进步的跨太平洋伙伴关系协定》

中的模式和规范。

美国－墨西哥－加拿大协定比之前的双边自由贸易协定有所创新，不再将药品与农业化学品并行规定在共同条款之中，而是分别加以独立规定。对医药知识产权的保护统一规定在美国－墨西哥－加拿大协定第3节"与药品有关的措施"中，共包含6个条款（第20.46～20.51条），条款名称依次为：专利期限调整、法规审查例外、未披露试验数据和其他数据的保护、新药品定义、与特定药品销售有关的措施与保护期限的改变。北美自由贸易协定界定了新药品的含义，新药品指不包含在之前缔约方获得上市审批的化学成分的药品。北美自由贸易协定承认各缔约方可以继续维持有关提交政府药品审批所需信息的法规审查例外。

1. 专利期限调整

北美自由贸易协定中有关专利期限调整的规定，可以视为美国自由贸易协定相关规定的代表。专利期限调整条款要求，各缔约方应尽最大努力采取及时而有效的程序进行药品上市审批审查程序，以防止本国药品审批程序出现不合理或者不必要的迟延。对于药品专利，如果药品审批程序造成专利独占期限的不合理缩减，各缔约方应当提供可以调整专利期限的方法，对这种迟延给予补偿。为此，各缔约方要建立药品快速审批的机制，以保证药品审批程序不会对药品的上市销售造成不合理的迟延。北美自由贸易协定同时规定，市场审批程序中药品试验数据独占期限不能被其他法规所改变。任何缔约方不能改变依药品试验数据提供的独占保护期限，即使专利保护期限的终止日期早于药品试验数据可以享有的独占保护期限。

2. 未披露试验数据和其他数据的保护

这部分条款与美国其他双边自由贸易协定的规定基本一致，具体规定了两种情形。一种情形是，作为新药上市审批的条件，如果缔约方要求以提交有关药品安全性或有效性的未披露试验数据或其他数据。则在没有之前提交该信息的人同意的情形下，自市场批准之日起至少 5 年的时间，不应允许第三人基于该信息或提交该信息的人已经取得的市场审批，在市场上销售的同样或类似的药品。另一种情形是，作为新药上市审批的条件，如果缔约方允许第三人提交之前在其他地域取得审批的证明。则在没有之前提交药品安全性或有效性信息的人同意的情况下，自在该缔约方取得市场审批之日起至少 5 年，不能允许第三人基于这样的证明销售相同或类似的产品。

北美自由贸易协定还要求缔约方规定与特定药品销售有关的措施。作为药品上市审批的条件，如果缔约方允许除最初提交安全性或有效性信息人之外的其他人，依赖之前审批的有关药品安全性或有效性的信息或证明申请上市审批，包括在该缔约方境内也包括在其他地域内已经取得上市审批的证明，则缔约方应提供相应的机制或措施，保障药品专利权人的利益。

三、《全面且进步的跨太平洋伙伴关系协定》中的医药专利相关规则

《全面且进步的跨太平洋伙伴关系协定》是由跨太平洋伙伴关系协定发展而来的区域性自由贸易协定，该协定的主要内容基本与跨太平洋伙伴关系协定一致，但暂停了 22 个条款。由于跨太平洋伙伴关系协定谈判时期主要由美国主导，美国在双边自由

贸易协定中的内容也反映在《全面且进步的跨太平洋伙伴关系协定》的条文之中。

医药知识产权规则主要规定在《全面且进步的跨太平洋伙伴关系协定》知识产权章的第 F 节，与其他知识产权条约不同，第 F 节的标题并未单纯规定专利，而是"专利与未披露的试验数据或其他数据"，显然是认识到医药知识产权规则与专利规则的密切联系，将其并列在一节内之中加以规定。第 F 节共分为"一般专利""与农用化学品有关的措施"和"与药品有关措施"三个部分，与药品有关的知识产权措施单独构成一个分节。如果不排除已经被暂停的条款，《全面且进步的跨太平洋伙伴关系协定》中的医药知识产权规则主要包括医药专利期限的调整、药品法规审查例外、药品试验数据的独占权保护、生物制剂试验数据的独占权保护、对"新药"的界定以及与特定药品销售有关的知识产权措施。

（一）《全面且进步的跨太平洋伙伴关系协定》目前生效的药品专利及试验数据规则

《全面且进步的跨太平洋伙伴关系协定》生效时暂停了 22 个条款，其中有三个条款是"与药品有关措施"分节的条款，被暂停的条款并没有生效。《全面且进步的跨太平洋伙伴关系协定》生效的药品知识产权规则主要包括药品法规审查例外、新药界定以及与特定药品销售有关的措施。

《全面且进步的跨太平洋伙伴关系协定》并未刻意界定药品法规审查例外（regulatory review exception）的含义，只是明确各缔约方可以在本国立法中规定或者继续维持药品的法规审查例外。由于药品试验数据等相关保护涉及新药，《全面且进步的跨太平洋伙伴关系协定》单独对新药（new pharmaceutical product）进行了界定。按照《全面且进步的跨太平洋伙伴关系协定》的界定，新药是指不包含之前已在缔约方获得批准化学成分的药品。其采取的标准是"行政上市审批"标准，如果一种化学成分在一缔约方内获得上市审批药品中未出现过，包含此种化学成分的药品就可以被界定"新药"。

　　《全面且进步的跨太平洋伙伴关系协定》还对"与特定药品销售相关的措施"进行了规定。《全面且进步的跨太平洋伙伴关系协定》规定的所谓"特定药品"是指依赖最先提交药品安全性和有效性信息，申请上市审批的药品。此种特定药品存在的条件是：该缔约方国内法允许其他药品依赖最先提交药品安全性和有效性信息申请上市审批。因此，特定药品是最先提交安全性和有效性信息申请上市药品以外的其他药品。《全面且进步的跨太平洋伙伴关系协定》要求，如果在已获得审批产品或方法专利的有效期间，有此种"特定药品"申请上市，缔约方应当在此种药品销售前通知专利持有人。之所以要求通知专利持有人，就是为了使专利权人在涉嫌专利侵权的药品上市销售之前，有足够的时间和时机寻求有效的法律救济。如果专利权人在这种情形下寻求法律救济，缔约方应当提供司法或行政程序、临时禁令或其他有效临时措施及时解决争端。缔约方如果不能为专利权人提供以上关于"特定药品"上市销售的救济方式，作为替代方案，缔约方也可以采取一种非司法性的程序。根据专利权人提交给上市审批机构的专利相关信息，或者根据上市审批机构与专利主管机构的合作，排除向基于专利药品寻求上市审批药品发放许可，除非得到专利权人的同意。

（二）《全面且进步的跨太平洋伙伴关系协定》暂停的医药专利相关条款

在《全面且进步的跨太平洋伙伴关系协定》"与药品有关措施"分节中有三个条款被无限期冻结，分别是药品专利期限的调整、药品试验数据的独占权保护、生物制剂试验数据的独占权保护。尽管这三个条款被暂停，但也可能在任何合适的时机重新启动协商。

关于药品专利期限调整。该条款要求缔约方应尽"最大努力"及时有效地处理药品的上市许可申请，避免不合理或不必要的迟延。对于受专利保护的药品，缔约方应可对专利期进行调整，以补偿专利所有人因上市许可程序导致的有效专利期的不合理缩减。为了防止专利有效期限的缩减，缔约方也可以规定药品上市审批的快捷程序。

关于未披露试验数据及其他数据的保护。《全面且进步的跨太平洋伙伴关系协定》与其他自由贸易协定较为类似，规定了两种情形下的药品试验数据独占权保护。一种情形是，缔约方在审批药品上市时，要求提交有关安全性和有效性的未披露试验数据或其他数据，则在新药获得上市审批许可之日起 5 年内，不应允许第三人基于该数据信息销售药品或对此类药品授权上市许可；另一种情形是，缔约方在审批药品上市时，要求提交该药品在本国申请上市之前，已在其他国家得到上市许可的证明。独占期间与第一种情形相同，在新药获得上市审批许可之日起 5 年内，不应允许第三人根据在其他国家先前上市许可相关的证明销售相同或相似药品。除了新药，《全面且进步的跨太平洋伙伴关系协定》还要求缔约方为已审批药品但涵盖新适应证、新配方或新给药途径的新临床数据信息提供 3 年的独占保护期限。在规定药品试验数据独占权保护的同时,《全面且进步的跨太平洋伙伴关系协定》也明确,缔约方可以依照《多哈宣言》维护本国的公共健康。

对于新生物制剂,《全面且进步的跨太平洋伙伴关系协定》规定了更强的药品试验数据独占保护期限。如果一种属于或含有生物成分的新药在缔约方内首次申请上市许可,则该缔约方应提供自药品获得上市许可之日起 8 年的市场独占期限。当然,如果结合其他有效措施能够达到可比效果,缔约方也可以提供 5 年的市场独占期限。

第三节　公共健康领域的 TRIPS 灵活性适用

尽管医药专利规则得到国际社会的更多关注,但在统一实体法方向并未取得实质性的进展。新出现的医药专利规则也主要以双边或多边自由贸易协定的形式出现,法律统一的路还相当漫长。在这种情况下,利用 TRIPS 赋予的灵活性,完善成员域内立法就成为应对公共卫生危机的重要路径。但各成员对于 TRIPS 灵活性的适用还是持较为谨慎的态度,因为可能面临其他成员提出的与 TRIPS 规定不一致的指控。因此,在国际法律文件及判决中认可 TRIPS 的灵活性原则就非常重要。

TRIPS 灵活性适用已在国际层面得到认可,世界贸易组织、世界知识产权组织、世界卫生组织等国际组织也发布一些重要文件指导各国对 TRIPS 的灵活性适用。TRIPS 灵活性适用是 TRIPS 自身设定的一种法律机制,目的是留给成员以不同方式灵活实施

TRIPS 的空间，公共健康是 TRIPS 灵活性适用的重要领域。

一、TRIPS 灵活性适用的法律依据

TRIPS 灵活性适用的法律依据来源于 TRIPS 的自身规定。TRIPS 明确使用"灵活性"概念是在序言部分的第 6 段，"认识到最不发达国家成员在国内实施法律和法规方面特别需要最大的灵活性，以便它们能够创造一个良好和可行的技术基础"。TRIPS 第 1 条第 1 款规定被认为是 TRIPS 灵活性的主要渊源："各成员应实施本协定的规定。各成员可以，但并无义务，在其法律中实施比本协定要求更广泛的保护，只要此种保护不违反本协定的规定。各成员有权在其各自的法律制度和实践中确定实施本协定规定的适当方法。"该条表明了对各成员不同知识产权立法存在差异的尊重，允许成员采用"适当方法"实施 TRIPS。

TRIPS 灵活性适用意味着各成员有权在其各自的法律制度和实践中确定实施该协定规定的适当方法，或者 TRIPS 条款在适用于各成员时其实施方式的可能变化。TRIPS 灵活性是由其自身性质所决定，TRIPS 确立了最低标准原则，即各成员的域内立法应符合 TRIPS 规定的最低标准。在最低标准之上，TRIPS 为成员的域内立法留出的立法空间，各成员拥有利用域内立法开展更广泛保护的自由权。加之 TRIPS 本身存在一些原则性规定，在具体适用时也需要进行具体解释。这两种情形都暗含了该协定在执行过程中可能存在的分歧，TRIPS 灵活性适用成为必要。

公共健康是 TRIPS 灵活性适用的突出领域。《多哈宣言》首次在国际法律文件中正式明确"TRIPS 灵活性"这一原则的适用，该宣言第 4 段中明确指出："TRIPS 没有也不应该阻止成员

采取措施保护公众健康……协定的解释和实施可以而且应该支持世界贸易组织成员保护公众健康的权利，特别是促进所有人获得药品的权利。在这方面，我们重申世界贸易组织成员有权充分利用 TRIPS 中的灵活性规定。"2016 年《联合国秘书长关于药品获取问题的高级别小组报告：促进创新与获取健康技术》（Report of the United Nations Secretary – General's High – level Panel on Access to Medicines：Promoting innovation and access to health technologies）对 TRIPS 灵活性予以了肯定，高级别小组报告指出"……世界贸易组织成员保留了重要的公共健康灵活性，可用于调整其域内知识产权法、政策和做法，以实现人权和公共健康目标。这些灵活性包括确定专利性标准、颁发强制性许可证、批准平行进口、适用一般例外情况以及利用竞争法来限制和补救滥用域内立法中的知识产权。"各成员在起草域内法律时，应促进迅速和便捷地利用强制许可或政府利用专利的非商业目的，包括确定权利持有人报酬的标准。正如《多哈宣言》所指出的，各国政府应保留决定强制许可签发依据的自由，● 肯定了在强制许可领域各国适用 TRIPS 灵活性的必要性，并鼓励各国以"促进迅速和便捷利用"专利的方式实施强制许可。

在 2022 年通过的《关于 TRIPS 的部长级决定》中，再次强调了在疫苗专利领域加强 TRIPS 灵活性的适用，以实现疫苗全球可及性目标。

● Report of the United Nations secretary – general's high – level panel on access to medicines：promoting innovation and access to health technologies [EB/OL]. [2024 – 05 – 24]. http：//www. unsgaccessmeds. org/final – report/.

二、《关于 TRIPS 的部长级决定》中灵活性的具体适用

《关于 TRIPS 的部长级决定》在处理疫苗专利豁免问题上再次强调了 TRIPS 的灵活性适用，该决定本身也是 TRIPS 灵活性适用的结果。

该决定在第 9 段中明确了对于 TRIPS 灵活性适用的态度："本决定不影响各成员 TRIPS 灵活性的适用，包括在《多哈宣言》中确认的灵活性，也不影响它们在 TRIPS 下的权利和义务，但第 3（b）段另有规定的除外。为更加明确起见，本决定不妨碍对本决定范围之外的上述灵活性、权利和义务的解释。"该决定对 TRIPS 灵活性的适用主要表现在关于 TRIPS 第 31 条的规定。

按照 TRIPS 第 31 条规定，强制许可要通过成员的法律加以实现。TRIPS 中共有 28 处出现"law"这一概念，但均未对其加以界定，包括第 31 条中出现的"成员法律"概念。TRIPS 将"法律"的概念界定交由成员确定，为了更加快捷地实施疫苗专利豁免，该决定对 TRIPS 第 31 条中规定的"成员法律"进行了解释。按照该决定第 2 项内容，第 31 条中的"成员法律"不限于成员域内规定强制许可的法律法规，也可包括行政命令、紧急法令、司法命令等其他法令；不仅可以包括强制许可规则成员的相关立法，也可以包括没有确立强制许可机制成员通过执行令、紧急法规等形式进行规定。这一释明在更宽泛的意义上确定了"成员法律"的范围，不仅包括正式立法程序的法律法规形式，也包括行政命令等多种法令形式。在实施强制许可规范的域内法律形式方面，该决定展现了对 TRIPS 灵活性的适用。

TRIPS 第 31 条还规定了强制许可后应当支付权利人报酬的规定。对此，该决定在第 3（d）段对强制许可授权后给予疫苗专利权人的报酬问题进行了释明。该决定在三个方面表明了态度：①考虑到疫苗分配的人道主义和非营利目的；②应使疫苗制造者能够以可负担的价格生产并供应疫苗；③考虑已有国家紧急状态、流行疾病及类似情况下的良好经验。与对"成员法律"的释明一样，该决定对于权利人报酬的释明赋予更强的灵活性，提出了权利报酬确定的考量要素，具体标准依然由成员国内法加以确定。该决定是继《多哈宣言》后，为应对全球新冠疫情再次适用了 TRIPS 的灵活性。该决定对 TRIPS 条文进行的具体释明，也是赋予成员在实施疫苗专利豁免更大的法律适用空间。该决定通过后，许多国家开始寻求通过国内立法在疫苗专利的强制许可领域适用 TRIPS 灵活性。

在公共健康领域，强制许可始终是实现药品专利法定共享的重要甚至唯一路径，也是 TRIPS 灵活性适用最多的领域。由于 TRIPS 灵活性自身具有一定原则性和不确定性，应当审慎加以利用。但 TRIPS 灵活性同样是 TRIPS 赋予成员的一种权利，一种可以在 TRIPS 许可范围内根据本成员利益行使的立法自由裁量权，可以更好地维护本成员利益与安全。

三、其他国际组织关于 TRIPS 灵活性适用的实践

（一）世界知识产权组织：发展与知识产权委员会文件梳理

作为知识产权管理的重要国际机构，世界知识产权组织在 TRIPS 灵活性方面发布了一系列建议咨询文件。世界知识产权组织认为，在涉及公共健康领域，发展中国家和最不发达国家在获

得药品或保护其生物多样性等特定领域，应当能够更广泛地建立支持经济发展的制度条件，TRIPS 灵活性的适用就是旨在允许这些国家目标的实现。

世界知识产权组织发展与知识产权委员会（Committee on Development and Intellectual Property，CDIP）在 2009 年的第四届会议上，要求秘书处在落实世界知识产权组织发展议程建议 14 的行动框架内，编写一份关于专利领域灵活性的文件。根据这项建议，世界知识产权组织可以向发展中国家，特别是最不发达国家，提供关于落实、理解和利用 TRIPS 灵活性的咨询意见。❶ 2010 年世界知识产权组织发展与知识产权委员会发布了《多边法律框架中与专利相关的灵活性及其在国家和区域层面的立法实施》（CDIP/5/4 Rev），该文件认为："灵活性源于条约执行的正常运作，所有条约在实施时都为各国的决定和选择提供了选项"，并指出发布该研究的目的是要说明，灵活性是各国在其国家发展计划中可以酌情使用的法律工具，也是在国际义务强制性标准框架内可以使用的法律工具。❷ 在该文件之后，世界知识产权组织又分别在 2012 年、2014 年和 2015 年针对相同主题发布了 CDIP/7/3Add、CDIP/13/10 Rev 和 CDIP/15/6 Corr 三份文件，对可以适用 TRIPS 灵活性的不同类型问题进行了进一步的补充。

（二）世界卫生组织：TRIPS 灵活性的数据库

世界卫生组织同样鼓励各国利用 TRIPS 的灵活性，以加强疫

---

❶❷ Committee on Development and Intellectual Property（CDIP）. Patent Related Flexibilities in the Multilateral Legal Framework and Their Legislative Implementation at the National And Regional Levels ［EB/OL］. ［2023 – 06 – 01］. https：//www. wipo. int/meetings/en/doc_details. jsp?doc_id = 131629.

苗的获取，该组织发布的文件主要体现为与公共健康相关的知识产权适用建议。2021 年 5 月，世界卫生组织发布《加强药品本地化生产　促进其他卫生技术的获取》（Strengthening local production of medicines and other health technologies to improve access，WHA74. 6）。该文件提出，应与其他主管国际组织，特别是世界知识产权组织和世界贸易组织合作，请求酌情提供技术支持，包括利用 TRIPS 规定的政策流程，以及《多哈宣言》所申明的灵活性，以促进药品的获取。❶

与世界知识产权组织的做法不同，世界卫生组织并未致力于为世界各国提供具体适用 TRIPS 灵活性的咨询建议，而是专注于全球公共卫生领域，整理世界各国的已有做法，推出 TRIPS 灵活性数据库。TRIPS 灵活性数据库中包含了各国政府为确保获得药品而援引、计划援引或被要求援引 TRIPS 灵活性的情况。❷ 该数据库中主要是关于强制许可对于 TRIPS 灵活性的适用实例，它收集了自 2001 年起各国适用 TRIPS 灵活性的具体示例。在新冠疫情期间，世界卫生组织也同样关注一些国家 TRIPS 灵活性在公共卫生领域的适用。2023 年世界卫生组织和联合国药品采购机构联合发布了文件《改善获得新冠肺炎治疗的机会：向会员国通报如何运行公共卫生与知识产权之间的交叉》（Improving access to novel COVID - 19 treatments：A briefing to Member States on how to

---

❶　WHO. Strengthening local production of medicines and other health technologies to improve access［EB/OL］.（2021 - 06 - 01）［2023 - 09 - 06］. https：//www. who. int/publications/i/item/WHA74. 6 - Strengthening - local - production - of - medicines - and - other - health - technologies - to - improve - access.

❷　The TRIPS Flexibilities Database［EB/OL］.［2023 - 09 - 06］. http：// trips-flexibilities. medicineslawandpolicy. org.

navigate interfaces between public health and intellectual property），其中分析了 TRIPS 灵活性的适用。该文件介绍了一些国家对 TRIPS 灵活性在公共卫生领域的适用。例如 2020 年，匈牙利政府根据 TRIPS 第 31 条之二宣布了一项特别法律命令，设立公共卫生强制许可，并颁发了三份使用瑞德西韦的强制许可；同年，加拿大也修订其专利法，允许提供专利发明，以应对国家突发公共卫生事件；德国和意大利也通过了类似的立法。

以上一些重要国际组织的有关适用建议，可以作为各国利用 TRIPS 灵活性的参考，如何在疫苗专利领域具体适用 TRIPS 灵活性，必须结合不同国家的具体国情加以确定。同样，各国所实施的 TRIPS 灵活性是否会遭到质疑，也要由实施国本国承担相应责任。在具体适用 TRIPS 灵活性时，应当符合其基本要求，即满足 TRIPS 中的最低保护标准。